Weitere Informationen über die Autorin und ihr Werk auf:

www.elisabeth-lukas-archiv.de

Elisabeth Lukas

Die Kraft des Vertrauens

Argumente wider den Pessimismus

Butzon & Bercker

INHALT

Worin besteht
die Kraft des
Vertrauens?

Dem Mainzer Verhaltensforscher *Rudolf Bilz*, der zahlreiche Tierversuche durchgeführt hat, verdanken wir die folgende Erkenntnis.

Ratten können bis zu 80 Stunden schwimmen. Wirft man jedoch eine Ratte in einen Wasserkessel, dessen glatte Wände es ihr rundum verwehren, aus dem Kessel herauszuklettern, ertrinkt sie nach ca. 15 Minuten. Der ungewöhnlich rasche Tod der Ratte ist nicht anders zu erklären als damit, dass sie das Vertrauen auf Rettung verliert und sich selbst aufgibt. Diese Erklärung wird durch eine weitere experimentelle Erfahrung gestützt. Wirft man nämlich eine Ratte in den Wasserkessel, reicht man ihr, nachdem sie zehn Minuten lang verzweifelt umhergeschwommen ist, ein Holzstäbchen, über das sie entkommen kann, und wirft man sie dann erneut in denselben Wasserkessel, so schwimmt sie ihre rund 80 Stunden, bis sie vor Erschöpfung ertrinkt. Sobald sie mithin *einmal* erlebt hat, dass quasi aus heiterem Himmel Rettung in Form eines Holzstäbchens möglich ist, hofft und vertraut sie bis zum Schluss darauf, dass sich dieser Vorgang wiederholen wird, und hält sich am Leben, solange sie kann.

Analysieren wir dieses Phänomen etwas genauer. In Notsituationen kommt es bei Menschen wie bei

Tieren, die über ein hinreichendes Nervensystem verfügen, zu einer erhöhten Wachsamkeit, einer Hypervigilanz, wie es in der Fachsprache heißt. Der biologische Zweck besteht darin, dass das Lebewesen intensiv nach Überlebenschancen bzw. Lösungen für sein Problem Ausschau halten kann. Aufgrund dieser Hypervigilanz prägen sich Ereignisse und Eindrücke aus der überstandenen Notsituation aber auch besonders tief ins Gedächtnis ein und wirken noch lange nach Abklingen der Notsituation nach. Das ist eine zweischneidige Sache.

Einerseits ist das Lebewesen ab sofort im Negativen „getriggert", also mehr oder weniger traumatisiert. Dem Erlebnis ähnelnde Signale wie Geräusche, Bildabläufe oder Analogherausforderungen versetzen es sofort wieder in vegetative und psychische Alarmbereitschaft; selbst dann, wenn diesmal keine Notsituation vorliegt. In der Generation meiner Eltern zum Beispiel kam es vor, dass Leute beim Aufheulen einer Sirene in Panik gerieten, obgleich der Sirenenton für sie gar keine Bedeutung hatte, sondern Übungszwecken diente oder der Feuerwehr im Nachbarort galt. Die Sirenen erinnerten die Leute an die Warnungen vor Bombenangriffen im Zweiten Weltkrieg, aufgrund derer sie sich damals schnellstens in einem Luftschutzkeller hatten verkriechen müssen, nie wissend, ob sie diesen je wieder lebend verlassen konnten. Der Sirenenton hatte sich bei ihnen mit Erschauern, Schweißausbrüchen, Herzklopfen und Spontanängsten verknüpft, und diese Verknüpfung lockerte sich in der nachfolgenden Friedenszeit nur langsam.

Andererseits ist die tiefe Einprägung der Umstände während einer Notsituation überaus lehrreich. Man lernt daraus, ähnliche Umstände gar nicht erst aufkommen zu lassen oder sie bei Unvermeidbarkeit geschickter zu handhaben. Man lässt sich von ihnen nicht mehr ins Bockshorn jagen. Dass Erfahrung klug macht, gilt zwar nicht ausnahmslos, ist aber dennoch eine häufig zu beobachtende Tatsache. Und ein weiteres Plus haftet jenen Notsituationen an, die man erfolgreich hinter sich gebracht hat: *Das Vertrauen zu sich und zum Leben ist gewachsen.* Man ist nicht untergegangen, buchstäblich wie die Ratte, die sich am Holzstäbchen hat hochziehen können. Das Leben hat es trotz allem gut mit einem gemeint. Und die eigenen Bewegungen haben ausgereicht, die „bergende Hand" des Lebens zu ergreifen und der Bedrohung zu entrinnen. Deshalb wurde die Generation meiner Eltern von späteren Wirtschaftsflauten und politischen Turbulenzen viel weniger erschüttert als ihre wohlstandsverwöhnten Nachkommen, wie Statistiken aus dem vorigen Jahrhundert belegen. Wie also einerseits die Ängstlichkeit aus Traumata profitieren kann, profitiert andererseits der Vertrauenspegel. Die tröstliche Nachricht ist: Was von beidem schließlich überwiegen wird, dabei können wir Menschen ein Wörtchen mitreden.

Doch halten wir zunächst die Erkenntnis fest: *Wenn* das Vertrauen da ist, *wenn* das Vertrauen sich sogar in einer Notsituation durchsetzt, *dann schöpft man sein gesamtes Ressourcenkapital aus.* So wie die Ratte volle 80 Stunden lang im uferlosen Becken herumschwimmt, so entfaltet auch ein Mensch sein volles Potenzial zur Bewältigung vorhandener Schwierigkeiten. Für die Ratte bedarf es zuvor einer ermutigenden Erfahrung. Ohne diese geht ihre Kraft nach 15 Minuten aus. Auch für uns Menschen sind ermutigende Erfahrungen supergut. Dennoch verfügen wir über zusätzliche Kapazitäten, die uns einen Vertrauenszufluss ermöglichen, wo die Erfahrungen diesbezüglich zu wünschen übrig lassen. Darüber wollen wir im Folgenden nachdenken.

WIE ENTSTEHT ÜBERHAUPT VERTRAUEN?

Der Mensch bringt die Fähigkeit, zu vertrauen, genauso wie die Fähigkeit, zu atmen, schon mit auf die Welt. Ein neugeborenes Baby ist vollkommen hilflos – viel hilfloser als fast jedes Tierbaby. Folglich gründet das Dasein eines menschlichen Babys vom ersten Atemzug an in dem Vertrauen, dass Hilfe da ist und da sein wird. Die einzige Art, wie ein Baby kundtun kann, dass es Hilfe braucht, ist zu schreien bzw. zu weinen. Nun ist ein menschliches Baby dank seiner hoch entwickelten Großhirnrinde außerordentlich lernfähig. Daher lernt es schnell, dass tatsächlich Hilfe kommt, wenn es Hilfe braucht. Vielleicht nicht sofort, vielleicht schreit es eine Weile, aber Hilfe kommt. Sei es, dass es Hunger hat, nass ist, friert, einsam ist ... Hilfe kommt, zumindest irgendwann. Es wird gefüttert, gewickelt, umhergetragen usw. Es gewinnt die Sicherheit, dass ihm geholfen wird; das nennt man Geborgenheit.

Allerdings ist bei diesem Geschehen ein Faktor zu bedenken, und das ist *das Zeitgefühl*. Dieses ist nämlich sehr subjektiv und entspricht nicht dem objektiven Zeitverlauf. Je jünger ein Mensch ist, desto länger kommt ihm eine Zeitspanne vor, und je älter er ist, desto kürzer dünkt ihn dieselbe Zeitspanne. Während sich etwa für einen Zehnjährigen ein Jahr lange,

lange hinzieht, vergeht es für einen 60-Jährigen wie im Flug. Außerdem kommen uns unangenehme Zeitphasen wesentlich länger vor als angenehme. Man denke nur an eine Sitzung beim Zahnarzt! Das heißt: Für ein Baby oder Kleinkind dauert eine Stunde ohne Hilfe schier „ewig lang". Lässt man daher ein Baby eine Nacht lang schreien, bedeutet das für das Baby eine quälende „Ewigkeit"; und seine Sicherheit, dass Hilfe kommt, entwickelt sich nur stockend. Instinktiv wissen das die meisten Eltern und stehen nachts auf, um ihr Kind zu beruhigen. Wo dies nicht der Fall ist oder wo auch tagsüber Bezugspersonen fehlen, die auf Hilferufe reagieren, trübt sich das mitgebrachte Vertrauen des Kindes ein.

Wobei ich nicht sagen möchte, dass man auf jeden kleinen Mucks und Seufzer eines Kleinkindes herbeirennen muss. Zur Lernfähigkeit des Kindes gehort auch, dass es lernt, zu warten; und von allem Anfang an lernt es, zu beobachten. Es lernt früh, von der reinen Hilfsbedürftigkeit abzurücken und auf äußere Reize zu achten: auf Lichter, Stimmen, Berührungen. Bald kann es Hilfe einleitende Vorgänge, z. B. sich ihm nähernde Schritte, erkennen und dementsprechend seine Bedürfnisbefriedigung aufschieben. Eine reichhaltige und stimulierende Kommunikation mit dem Kind trägt dazu bei, dass es sich integriert fühlt in ein Milieu, dem es zugehört und dem es trauen kann. Dass es ein Zuhause hat, das ihm in jeder Lage beisteht. Noch stärker ausgedrückt: in dem es angenommen und geliebt ist. In so einem Zuhause fällt ihm das Warten auf Bedürfnisstillung leichter, selbst wenn es lange Wartezeiten gibt.

Was unterstützt die Entstehung von Vertrauen?

Von Natur aus sind Babys und Kleinkinder – von Ausnahmen abgesehen – erstaunlich robust. Sowohl körperlich wie psychisch halten sie im Regelfall viel aus. Auch Elternfehler und Elternlaunen halten sie ziemlich gut aus, sofern nicht tiefgreifende Schädigungen passieren. In den jungen Jahren ist allerdings *Konstanz* ein wichtiges Element zur Ausbildung eines Sicherheitsgefühls. Bei einem regelmäßigen Tagesablauf „kennen die Kleinen sich aus". (Ein solcher spielt bei Menschen in hohem Alter erneut eine Sicherheit spendende Rolle.) Unruhe, Hektik, Hin- und Hergerissenwerden und viele abrupte Umgebungs- oder Nahpersonenwechsel hingegen irritieren Kinder. Sie verstehen nicht, was los ist, sie „kennen sich nicht aus", was Furcht erzeugt.

Konstanz ist auch im Erziehungsgeschehen förderlich. Ein Kind lernt zwar recht bald, dass verschiedene Bezugspersonen unterschiedliche Mentalitäten und Verhaltensweisen haben – sie schauen ja auch unterschiedlich aus, aber ein- und dieselbe Bezugsperson sollte nicht zu wechselhaft und widersprüchlich erscheinen. Es erschreckt ein Kind, wenn etwa die Mutter einmal schmeichelnd freundlich und dann wieder zornig aufbrausend ist, und das Kind nicht begreift, warum und wieso. Vielleicht hat sich die Mutter über etwas ganz anderes geärgert als über ihr Kind, aber das Kind bekommt ihren Ärger zu spüren ... das schürt Misstrauen in ihre Freundlichkeit, die sich urplötzlich wie aus heiterem Himmel verwandeln kann. Besonders schlecht sind in diesem Zusammenhang hysterische Ausbrüche oder Gewaltausbrüche. Erstere passieren meistens bei überforderten Müttern, zweite meistens bei trunksüchtigen Vätern, denn sowohl permanente Überforderung als auch Alkoholismus tragen zum Selbstkontrollverlust der Erziehungsverantwortlichen bei. Unkontrollierte Gefühlsausbrüche bei Bezugspersonen lehren die Kinder, dass sie gleichsam auf einem Vulkan sitzen und ständig auf Schlimmes gefasst sein müssen. Das unterhöhlt ihr Vertrauen und liefert noch dazu ein gefährliches Vorbild, das lange Zeit nachhallt.

Generell kann man sagen, dass *Stabilität* Vertrauen einflößend ist, was ja auch für Regierungen, Währungen, Firmen etc. gilt, und Instabilität Ängste schürt, was wir z. B. in der Pandemiezeit hautnah erlebt haben. Stabile Familienverhältnisse und gleichbleibende Erziehungspersonen mit stabilem Charakter und großer Verlässlichkeit sind daher vertrauensbildende Stützpfeiler für die Heranwachsenden.

Das heißt natürlich nicht, dass keine Veränderungen geschehen sollen. Aber sie sollen gleitend geschehen, in Maßen und mit Vernunft. Die Heranwachsenden selber werden mit zunehmender Reife auf Veränderungen und Lebensadaptierungen drängen. Doch können sie Neukreationen besser aus Altbewährtem schöpfen als aus einem sprunghaft wechselnden Chaos, dem sie längere Zeit schutzlos preisgegeben waren.

Ist die Familie der ideale Ort der Vertrauensbildung?

Ideal ist leider nichts auf Erden. Bekanntlich ist alles relativ. Dennoch ist eines gewiss: *Die intakte Familie ist der Ort höchstmöglicher irdischer Geborgenheit*. Und zwar aus folgendem Grund:

Überall in der Gesellschaft wird man kraft seiner Leistung und seines funktionalen Beitrags geschätzt. Wer interessante Referate hält, ist ein begehrter Referent. Wird er senil und stottert nur noch herum, wird er logischerweise von niemandem mehr als Referent eingeladen. Wer ein geschickter Schweißer ist, wird in der Maschinenhalle gerne gesehen. Erkrankt er an einer Sehbehinderung, muss er die Halle verlassen. So ist es in jeder Berufssparte und in jedem Teamwork. Nur in der Familie ist es anders. Solange sie intakt ist, wird jedes Familienmitglied *um seiner selbst willen* geschätzt, unabhängig davon, ob es reich oder arm, tüchtig oder unproduktiv, gesund oder krank ist. Dann ist die alte, zittrige Frau eben „unsere Oma" und das sabbernde Baby „unser Enkel", auch wenn beide keinerlei Leistung erbringen und bloß Arbeit machen. Dann ist auch der pleitegegangene Geschäftsmann noch „unser Vater" und die ans Bett gefesselte Frau noch „unsere Mutter". Das bedeutet, dass die Unversehrtheit von Personenwert und Personenwürde in der intakten Familie unhinterfragt praktiziert wird, was es sonst fast nirgendwo gibt. Das lehrt die heranwachsenden Kinder, dass sie darauf vertrauen dürfen, bedingungslos wertgeschätzt zu werden, komme, was wolle. Freilich ist das gezeichnete Familienbild ein Ideal, das in der Realität bröckelt – trotzdem kommt die Familie diesem Ideal näher als jede andere Menschengemeinschaft.

Nun haben sich die Familienstrukturen im letzten Jahrhundert sehr verändert. Durch die zahlreichen Scheidungen und Paartrennungen in den modernen Industrieländern ist eine Menge an Patchwork-Familien entstanden mit Stiefvätern, Stiefmüttern, Eltern- und Geschwisterersatzfiguren. Für die Kinder kann das im besten Falle ein Äquivalent für die früher typische Großfamilie sein. In dieser gab es Onkel und Tanten, Cousins und Cousinen mehrerer Grade, und die Kinder waren es gewohnt, zwischen ihnen zu pendeln und ihre „Lieblingsvertrauenspersonen" auszukundschaften. Mit der einen konnten sie spielen, mit einer anderen plaudern, bei einer dritten sich ausweinen usw. Heutzutage haben die Kinder im Durchschnitt weniger Geschwister und Angehörige (zumindest in unserem Kulturkreis), dafür aber mehr fremde Väter und Verwandte. Wenn das harmonieren soll, brauchen die verantwortlichen Erwachsenen eine hinreichende Portion an Großherzigkeit und Toleranz, insbesondere denen gegenüber, die man mit dem Prädikat „ex" bezeichnet, also Expartnerinnen und Expartnern, Exfreundinnen und Exfreunden gegenüber. Wo Fairness und gegenseitiger Respekt herrschen, kann Vertrauen bleiben, nämlich das Vertrauen darauf, dass es auch im Umbruch und familiären Wechsel *eine* Beständigkeit gibt: nämlich die Beständigkeit, um seiner selbst willen geachtet und geliebt zu werden.

Auch wenn Kinder längst erwachsen geworden sind, gibt es oft noch einen zarten Einfluss auf deren Vertrauenslevel seitens ihrer Herkunftsfamilie. Denn die erwachsenen Kinder beobachten sehr genau, wie ihre Verwandten das Altwerden, Schwächerwerden und ihren bevorstehenden Lebensabschied managen; und bekanntlich ist das Vorbild wirksamer als jede Belehrung. Wenn die Seniorinnen und Senioren daher ihr Alter voller Ängste, Gram, Nörgeleien und Klagen durchkomponieren, jagen sie den Jungen Furcht und Bangen vor dem eigenen Älterwerden ein – was gewiss kein Liebesdienst an ihnen ist. Die junge Generation geht schließlich denselben Weg entlang wie sie. Zeigen die Eltern und Großeltern jedoch in ihrer Haltung und

Gesinnung, dass man auch der späten Lebensphase noch einige Glanzpunkte abringen kann, dass Zufriedenheit trotz Einschränkungen möglich ist und dass es Sinnerfüllungschancen bis zum Schluss gibt, dann werden sich die Jungen getrost auf den Weg machen, wenn sie selbst einmal in die Jahre kommen.

Und wenn
die Familie
kaputt ist?

Machen wir uns nichts vor: Es gibt grauenerregende Milieus, denen Kinder entspringen. Kinder, die niemals Konstanz, Zuwendung, Geborgenheit erfahren. Ist ihr Schicksal damit besiegelt? Oder können sie aus eigener Kraft das Steuerrad ihres Lebensschiffes herumreißen? Halten wir an dieser Stelle ein wenig inne und denken wir über das Bild nach, das wir uns vom Menschen machen. Denn es bahnt an, wie wir uns selbst und unsere Wesenheit interpretieren.

Ein Kind kommt nicht als „Tabula rasa", als „leere Tafel" zur Welt, auf die dann die Welt, sprich ihre Eltern und Lehrer, schreibt, was aus diesem Kind einmal werden wird. O nein, ein Kind bringt schon eine Fülle an Erbanlagen mit, und nicht bloß erfreuliche. Neben Vorzügen und Präferenzen sind Dispositionen zu gewissen Schwächen und Krankheitsanfälligkeiten im körperlichen wie im psychischen Bereich ebenfalls darunter. Aber weder Erbgut noch Umwelteinflüsse formen die ganze Geschichte vom Menschen. „Tertium datur", pflegte mein Lehrer *Viktor E. Frankl* zu sagen, „es gibt ein Drittes", und das ist die geistige Person, die in jedem Neugeborenen bereits schlummert. Sie ist ein absolutes Novum, keine Kopie ihrer Vorfahren und Vorbilder. Jeder Mensch ist einzigartig in seinem

Wesen, unvertretbar und unwiederholbar. Was macht ihn dazu? *Sein Selbstgestaltungspotenzial*! Er ist ein „Freigelassener", und das heißt, er wird heranreifend Stellung beziehen zu seinen Erbanlagen und Umwelteinflüssen, wird manches in sich bejahen, manches verneinen, manches intensivieren, manches verkümmern lassen, manchem trotzen und manches zur vollen Blüte entfalten. Kurz, er wird insgesamt mitbestimmen, was schlussendlich zu seiner Identität werden wird.

Von Anbeginn an ist jedes Kind eine eigene Persönlichkeit und reagiert auf seine persönliche Art und Weise auf das Milieu, in dem es aufwächst, was u. a. Geschwister einander unähnlich macht. Es ist heute unbestritten, dass sich Kinder aus sogenanntem gutem Hause drastisch fehlentwickeln können und sich andererseits Kinder aus desolaten Verhältnissen wie hässliche Entchen zu prächtigen Schwänen mausern können. Demnach ist die Frage, was Kinder aus desolaten Verhältnissen tun können, extrem berechtigt, denn die Kinder können allerhand tun. Sie können von ihrer eigenen „Trotzmacht des Geistes" (ein Ausdruck von Frankl) Gebrauch machen und sich von negativen Modellen distanzieren, über ihre Verletzungen hinauswachsen, die in ihnen liegenden Talente kreativ verwenden und ihre tristen Erfahrungen zu einer Erfahrungskompetenz verdichten, die sie davor warnt, wie Leben misslingt, und die sie dazu anfeuert, es besser zu machen als ihre Eltern und Ahnen. Sie müssen zwar die Alternative zum Erlebten erst erfinden, aber sie wissen über das Erlittene: „*So* bitte nicht!" Keine Generation muss die Fehler früherer Generationen wiederholen. Obwohl es einen mächtigen Sog gibt, der sie ins gehabte Malheur hinein- und zurückziehen will, glüht in ihr auch der „Funke, der alles neu macht", wenn sie es ernsthaft will.

KANN DAS URVERTRAUEN VERSCHÜTTET WERDEN?

Wir sprachen vom Menschenbild. Überlegen wir: Was ist überhaupt spezifisch human? Wenn man darüber nachdenkt, was den Menschen zum Menschen macht, kommt man auf die Attribute seiner Geistigkeit, als da sind: geistige Freiheit und persönliche Verantwortung, Inspiration und Schöpfungskraft, und vor allem die kontinuierliche Suche nach Sinn und Werten, die unaufhörliche Sehnsucht nach dem Guten und Wahren und Schönen – nach dem Heil. Diese Suche und diese Sehnsucht sind dem Menschen so tief eingepflanzt, dass sie sich in sämtlichen Kulturen und Epochen in den Mythen und Riten und Gottesbildern widerspiegeln. Das bedeutet, zünftig philosophisch gesprochen: So wie der Durst ein Beweis für die Existenz von Wasser ist und so wie das Auge ein Beweis für die Existenz von Licht ist, so ist diese ständige und nicht einzudämmende Sehnsucht des Menschen nach etwas überragend Wertvollem, nach einem alles umfassenden Sinn des Ganzen ein Beweis dafür, dass es Dementsprechendes geben muss, auch wenn es unfasslich bleibt. Die Ahnung, sozusagen ein prälogisches und akausales Vorwissen darum, dass es desgleichen gibt, nennt man *Urvertrauen*. Dieses ist dem Menschen dank seiner Menschlichkeit und Geistigkeit in die Seele eingraviert.

Das zeigt sich übrigens in den nicht konstruierten, sondern volkstümlich gewachsenen Märchen aller Völker, in ihren Legenden, Sagen und Überlieferungen. Märchen präsentieren keine „heile Welt", sondern eine „klare Welt". In ihnen treten Dämonen, Gespenster, Teufelchen, Kobolde und Hexen auf und stiften Unfug, aber letztlich und auf verschlungenen Wegen siegt das Gute, das Gütige, das Noble und Edle; es naht die Rettung auch dem noch, der sich verirrt hat. Kinder brauchen diese „klare Welt", die das in ihnen angelegte Urvertrauen bestätigt und konsolidiert, bis sie stark genug sind, im Zuge ihres Älterwerdens zu begreifen, dass die Realität unserer Welt komplexer aussieht: dass es in ihr vielfältige Nuancen zwischen Gut und Böse gibt, dass es drunter und drüber geht und dass keinesfalls immer – nicht einmal oft! – das Gute siegt. Sie können dann schon differenzieren zwischen der äußeren Realität und der seltsamen inneren Gewissheit eines Letztheils, das nicht von dieser Welt sein kann. Ihr Urvertrauen bleibt erhalten.

Schwieriger ist es, wenn sie zu früh mit der knallharten Realität und deren brutalen Seiten in Berührung gekommen sind. Wenn sie Demütigungen, Beschämungen, Missbrauch und Gewalt erfahren haben, also statt einer „klaren Welt“ eine „böse Welt“, in der das siegreich Gute nirgends aufscheint. Das ist kontradiktorisch zu ihren inneren Ahnungen und ihr Urvertrauen wird erschüttert und verschüttet.

WAS VERHINDERT DIE VERSCHÜTTUNG VON URVERTRAUEN?

Da Urvertrauen nicht von den Eltern und ihren Verhaltensweisen erzeugt wird, sondern in jedem Menschen grundgelegt ist, kann es von den Eltern und ihren Verhaltensweisen auch nicht zerstört werden. Es kann, wie erwähnt, nur verschüttet werden, was heißt, dass es später auch wieder auszugraben ist. Die Doppelfrage lautet demzufolge: a) Was verhindert seine Verschüttung? Und b) Was fördert seine Ausgrabung?

Widmen wir uns vorerst der Frage a): Was verhindert seine Verschüttung?

Ich wiederhole: ein Umfeld der Wertschätzung, Beständigkeit, Verlässlichkeit und noch dazu der *Friedlichkeit*. Die Einübung in Friedensfähigkeit ist schier das Gebot der Stunde für jedermann und insbesondere für Familienmitglieder. Denn Friedensfähigkeit und Friedenswilligkeit bedeuten ja nicht, dass sich immer alle in der Familie oder Gemeinschaft bestens vertragen oder gar derselben Meinung sind, sondern vielmehr, dass man achtungsvoll miteinander redet, einander ernst nimmt, Kompromisse schließt, und dass man, wenn man angegriffen wird, Niveau hält und nicht primitiv zurückschlägt nach dem Motto „Wie du mir, so ich dir“, sondern Reaktionsweisen parat hält, die sich und dem Kontrahenten die Rückkehr zum Frieden erlauben. In so einer Umgebung lernt das Kind, dass auch im heftigen Streitfall „alles wieder gut werden kann". Dass sich zum Beispiel einer beim anderen entschuldigen und der andere ihm vergeben kann. Das nährt Urvertrauen.

Aus der Verhaltensforschung wissen wir, dass Frustrationen Aggressionen erzeugen, sowohl bei Menschen als auch bei Tieren. Diese Aggressionen können sich in verschiedene Richtungen entladen. Gegen einen selbst in Form von Autoaggressionen (reaktiven Depressionen, Suchtsteigerungen, Selbsthass ...), was eher ein menschliches Übel ist. Oder gegen einen (vermeintlichen?) Feind bzw. Sündenbock und sogar gegen Unschuldige und Unbeteiligte. Im Unterschied zu den Tieren sind Menschen nicht auf eine bestimmte Ausagierung fixiert; und in einem noch profunderen Unterschied zu den Tieren können Menschen erkennen, dass es ethisch nicht vertretbar ist, Unschuldige und Unbeteiligte für ein Leid büßen zu lassen, das sie nicht verursacht haben.

Pädagogisch – und nicht selten auch selbsterzieherisch – geht es darum, Aggressionen als biopsychisches Kraftpaket transparent zu machen, das der Organismus zur Bewältigung einer Frustration bereitstellt. Welche Bewältigungsweise dann am sinnvollsten ist,

z. B. Start einer Neuorientierung, Anzapfen von Reserven, klärende Gespräche mit einem Widersacher, Beenden von Symbiosen, heiteres Wegstecken einer Kränkung, heroische Akzeptanz einer Unabänderlichkeit etc., hängt von der jeweiligen Sachlage ab, doch ist in jedem Fall eine Menge innere Kraft dafür nötig. Kann das Kraftpaket „Aggression" in eine „Werte berücksichtigende Frustrationsbewältigungskraft" verwandelt werden, erweist sich dies als die optimale Lösung. Es ist die Trumpfkarte der Resilienz.

PRAKTIZIERTE RESILIENZ ALS PERFEKTE MITGIFT

Machen wir einen kleinen Schlenker und betrachten wir diesen modernen Fachbegriff. Nicht nur unser körpereigenes Immunsystem sorgt für unsere Gesundheit. Ihm ist ein psychisches Immunsystem beigestellt, das uns befähigt, mit Rückschlägen zurande zu kommen und Krisen und Konflikte zu meistern. In der heutigen wissenschaftlichen Terminologie spricht man von der Stärke der *Resilienz*, die bei Menschen sehr verschieden ausgeprägt ist und die man folgendermaßen definiert: „Resilienz ist das Vermögen eines dynamischen Systems, sich erfolgreich an Störungen anzupassen, die seine Funktion, Lebensfähigkeit oder Entwicklung bedrohen." Allerdings ist gegen das schillernde Wort „anpassen" einiges einzuwenden, denn wenn Störungen zu beheben sind, ist Anpassung an sie kontraproduktiv, und auch wenn sie unbehebbar sind, ist mitunter konsequentes Durchhalten besser als nachgiebige Anpassung. Es geht darum, die sinnvollste Entstörungsvariante herauszufiltern, und man darf wohl behaupten, dass resilienzstarke Personen einen derartigen Filterprozess ausgezeichnet beherrschen.

Wichtiger als die Definitionsfrage ist die Frage, was die Forschung mittlerweile über resilienzstarke Personen herausgefunden hat. Gibt es bei ihnen gemeinsame Charakteristika? Was ist ihre Taktik, was ist der Weisheitsfundus, aus dem sie ihre Überlebenskünste beziehen? Man hat dazu mehrere Elemente gesammelt, und es wird nicht verwundern, dass an erster Stelle *der Optimismus* steht. Nämlich der Glaube daran, dass die vorliegende Krise bzw. Bedrohung überwindbar ist und dass man Einfluss darauf nehmen kann, das Ärgernis abzufedern oder gar aus der Welt zu schaffen. *Das Vertrauen steht auf Platz 1*, und schon läuft der Filterprozess an: Resiliente Personen können mutig ertragen, was geschehen ist, und demütig loslassen, was außerhalb ihrer Macht liegt. Dadurch sind sie imstande, sich auf ihre persönliche Zutat zur Verbesserung der Situation zu konzentrieren. Sie filtern gleichsam „das Ihre" aus dem Wirrwarr von Aufregungen, Enttäuschungen und Sorgen heraus, weigern sich, in die passive Opferrolle abzugleiten, und scheuen vor keiner Eigenverantwortung zurück. Ein weiteres Element ist, dass resiliente Personen in soziale Netzwerke eingebunden sind und sich weder gehemmt fühlen, Hilfe zu spenden, noch Hilfe zu empfangen. Sie deklarieren Hürden grundsätzlich als Chancen und stoßen sich nicht an Kleinigkeiten, sondern behalten das Wesentliche im Auge. So weit die Untersuchungsergebnisse.

Nach alledem kann man sich leicht vorstellen, was die Verschüttung von Urvertrauen verhindert. Sämtliche Modelle, seien es reale oder fiktive, die resiliente Verhaltensmuster demonstrieren und für deren Nachahmung werben, die somit ungeachtet etwaiger Katastrophen das Vertrauen auf den ersten Platz verweisen, schützen vor dem Absturz in die totale Verzweiflung. Frankl, Überlebender von vier Konzentrationslagern im Zweiten Weltkrieg, in denen er fast seine gesamte Familie verloren hat, wusste, wovon er sprach, wenn er für einen „tragischen Optimismus" plädierte. Wiederholt forderte er Autoren und Medienproduzenten auf, ihre Konsumenten nicht mit Abscheu erregenden Nachrichten und „existenzieller Inhaltslosigkeit" zu füttern und solcherart mit desperaten Gedanken zu infizieren, sondern sie vielmehr gegen die negativen Zeittrends aufzurüsten. Je düsterer Zukunftsaussichten sind, *desto beherztere Menschen braucht es*, und desto weniger ist der Allgemeinheit mit „Jammerlappen" gedient. Praktizierte Resilienz ist die perfekte Mitgift für die nächste Generation!

Als ich jüngst in einem Interview gefragt wurde, was heute angesichts manch apokalyptischer Szenarien in den Köpfen der Menschen „dran" sei, antwortete ich:

„In jedem Heute ist immer nur eines dran, nämlich sinnvolles Handeln hier und jetzt. Das war im 4. oder 12. Jahrhundert nicht anders als im 21. Jahrhundert. Alles, was von sinnvollem Handeln abweicht, verschlechtert unsere Gesamtsituation. Wobei es nicht bloß auf die Manager, Politiker und Führungskräfte ankommt, sondern auf jeden Bürger und jede Bürgerin im Land, denn jede Kleinigkeit addiert sich auf, alle Dummheit und alle Klugheit, alle Destruktivität und alle Konstruktivität."

Heben wir zuerst hervor, was in unserem Heute *sicher nicht* dran ist. Da wären Ignoranz und Gleichgültigkeit. Sie lassen rutschen, was bereits in Richtung Abgrund rutscht. Oder Klagen und Jammern. Sie reißen in den Strudel des Selbstmitleids hinein. Oder Zorn und Entrüstung. Sie demolieren, was noch intakt ist. Oder Apathie und Lethargie. Sie lähmen die Werkzeuge, die sich zur Rettung anbieten. Das alles ist kontraproduktiv. Jugendliche, die vor lauter Unbehagen mit der Suizididee jonglieren (Stichwort „Autoaggression"), sind nicht die Helden, sondern die Leidvermehrer von morgen. *Was heute nötig ist, das ist ein hohes Maß an Souveränität und Resilienz*. Souveräne Personen hören auf die Stimme ihres Gewissens und stellen ihren Lebensstil darauf um. Sie bescheiden sich in ihrem Konsum, sie schonen die Umwelt, wo sie nur können, sie behandeln die Mitmenschen freundlich, die Sachen pfleglich, und denken in Lösungen statt in Problemen. Resiliente Personen lassen sich von Misserfolgen und Enttäuschungen nicht umwerfen, von Dramen nicht zu Boden drücken und vom Pessimismus nicht anstecken. Sie akzeptieren Unabwendbares, investieren in Hilfsbereitschaft, wo solche gebraucht wird, und bewahren sich ein unantastbares Urvertrauen mitten im Desaster. Nur solche Personen, also souveräne und resiliente Personen, sind es, die einen lindernden Einfluss auf sämtliche zu erwartenden Katastrophen haben können.

WAS FÖRDERT
DIE AUSGRABUNG
VERSCHÜTTETEN
URVERTRAUENS?

Rücken wir damit zur Beantwortung der Frage b) vor: Was fördert die Ausgrabung verschütteten Urvertrauens? Bei Kindern ist das nicht übermäßig schwierig, denn sie sind im Grunde außerordentlich situationselastisch. Sie können Altlasten leichter abstreifen und sich psychisch schneller regenerieren als Erwachsene. Verbessert sich ihr Umgebungsklima, dann haben sie passable Aussichten, sich zu normalisieren, was man von den vielen Flüchtlingsschicksalen weiß. Zweierlei kann einen solchen Normalisierungsprozess unterstützen. Zum einen *liebevolle Gespräche*, die Sachlagen erklären, Zusammenhänge aufdecken, Probleme offenkundig machen und Milde initiieren. Man kann etwa erklären, dass ein Elternteil, der sich danebenbenommen hat, krank war, unter immensem Stress stand, zeitlich unter Druck stand – aber ohne plumpe Ausreden zu verwenden. Ehrlichkeit tut not, und das auch hinsichtlich von ethnischen Konflikten. Was Kinder verstehen, können sie eher verarbeiten. Zum anderen ist *Ablenkung* hilfreich, „Dereflexion" in der Diktion Frankls. Kinder sind begeisterungsfähig! Führt man sie in ein Fachgebiet ein, das ihnen liegt, zum Beispiel in sportlicher, technischer oder musischer Hinsicht (Wandergruppen, Zeltlager, Tanz- und Schauspielkurse, Unterweisungen im Basteln und Werken ...), dann vergessen sie geradezu erlittene Blessuren und blühen auf. Das ist keine Verdrängung, sondern ein extrem gutes Wundpflaster für die Seele. In der Hingabe an eine selbst gewählte Aufgabe, die ihnen Freude macht, kehrt ihr Vertrauen, dass es auch Schönes auf der Welt gibt, allmählich zurück. Die Freude besitzt eine enorme Heilkraft.

Bei traumatisierten Erwachsenen ist es ein zäheres Ringen um deren Renormalisierung. Sie müssen einem Achtsamkeitstraining unterzogen werden, das ein Gegengewicht bildet zum ständigen Wiederkauen ihrer verheerenden alten Trigger-Reize. Meinen Patientinnen und Patienten pflegte ich zu vermitteln, dass es zwei „Raubtiere" gibt, die uns das Präsentsein in der Gegenwart rauben, und das sind *der Hader mit der Vergangenheit* und *die Angst vor der Zukunft*. Dabei ist die Gegenwart der einzige Verfügungsraum, den wir haben, denn weder können wir rückgängig über die Vergangenheit verfügen noch können wir vorgriffig über die Zukunft verfügen. Nur in der Gegenwart können wir Entscheidungen treffen – Entscheidungen mit Tragweite! –, deshalb brauchen wir volle Wachheit und Aufmerksamkeit im Hier und Jetzt. Der Hader mit der Vergangenheit zieht aber unsere Reflexion ständig zurück auf jene unliebsamen Details, die uns in ihr missfallen, und raubt uns dadurch einen beträchtlichen Teil unserer „Gegenwärtigkeit". Ebenso zieht die Angst vor der Zukunft Partien unseres Denkens und Fühlens vom aktuellen Augenblick ab. Das bedeutet, dass wir bloß noch mit halber Achtsamkeit durch die Gegenwart schlingern, was zum Versagen und zu Fehlern führt – die dann wiederum zu unliebsamen Details in der Vergangenheit gerinnen, mit denen wir demnächst erneut hadern werden.

Anders ist es mit einem *trotzdem bejahenden Rückblick* auf die Lebensvergangenheit. Er akzentuiert die Highlights, das Gelungene, das glorreich Bestandene, die Segensmomente des Gewesenen, und lässt dies allen Schmerz und alles Scheitern überstrahlen. Gipfel und Täler finden sich in jedem Leben, doch, wie Frankl sagte: Eine Bergkette bemisst sich nach ihren höchsten Gipfeln und nicht nach den Tälern dazwischen. Wer seine Vergangenheit bejahen kann, so wie sie ist, und mit Sämtlichem, was dazugehört, der hat wahrlich die Hände und Sinne frei für die Gegenwart – frei genug, um vielleicht noch ein weiteres Gipfelchen zu erklimmen.

KANN MAN GESUND BLEIBEN OHNE URVERTRAUEN?

Schon öfters bin ich gefragt worden, ob der Mensch nicht auch gesund bleiben und glücklich leben kann ohne ein Grundvertrauen, dass das Leben bzw. die Welt, in der er lebt, gut ist?

Ich möchte das vorsichtig verneinen. Ein solches Grundvertrauen braucht dem Menschen nicht bewusst zu sein, aber unbewusst und basal sollte es vorhanden sein, und ist es meistens auch. Allerdings würde ich nicht die Definition verwenden: „ein Vertrauen darauf, dass die Welt gut ist", sondern die Formulierung: „ein Vertrauen darauf, dass das Sein Sinn hat". Warum? Die Welt (unsere Welt) ist *nicht* prinzipiell gut. Sie hat gute und schlechte Seiten, wobei die guten in der Minderheit sein dürften. Frankl sprach von der „tragischen Trias": Leid, Schuld und Tod, die keinem Menschen erspart bleibt. Jeder leidet, jeder macht sich schuldig, jeder muss sterben.

Urvertrauen ist keineswegs der naive Glaube daran, dass alles gut enden wird und Hoffnungen sich erfüllen werden. Der mündige Mensch weiß, dass das nicht der Fall ist. Er weiß, wie häufig das Gute nicht belohnt und das Böse nicht bestraft wird. Er weiß, dass liebenswerte Personen elendiglich und kümmerlich darben, wohingegen korrupte Verbrecher sich eines luxuriösen Lebens erfreuen. Dass offensichtlicher Widersinn ringsum wogt. Urvertrauen ist vielmehr der Glaube daran, dass über all dies hinaus eine Metaebene existiert, eine „Überwelt", in der sämtliche Fragwürdigkeit unseres Daseins eine geheimnisvolle letzte Stimmigkeit und Richtigkeit hat, die wir nicht kennen und nicht zu kennen brauchen. Frankl berichtete, wie die Häftlinge im Konzentrationslager erhobenen Hauptes und mit einem Gebet auf den Lippen in die Gaskammern marschiert sind. Sie wussten genau, dass Gott nicht einschritt. Dass er dieser schreienden Ungerechtigkeit nicht Einhalt gebot. Aber sie priesen ihn und vertrauten ihm ... das ist Urvertrauen.

Nebenbei eine Anmerkung aus psychotherapeutischer Sicht: Dankgebete sind *um vieles gesünder und empfehlenswerter* als Bittgebete. In Bittgebeten schwingt nämlich stets eine leise, unterschwellige Angst mit. Was ist, wenn die Bitte nicht erhört wird? Wenn sich das Erwünschte und Erflehte nicht einstellt? Ist dann die Verzweiflung am Zug? Bei Dankgebeten ist das anders. Man kann nicht für nichts danken, also dankt man für etwas Bestimmtes. Und zwar für etwas Wundervolles, Beglückendes. Und dies erweitert das Bewusstsein, dass (auch) etwas Wundervolles und

Beglückendes im eigenen Leben vorhanden ist bzw. gewesen ist, und verhindert, es fälschlich als „selbstverständlich" zu klassifizieren. Meiner Erfahrung nach sind Dankgebete zudem ein ideales Einschlafmittel: Sie entspannen jedes aufgewühlte Gemüt schnell und nachhaltig.

BRAUCHEN WIR EIN VERTRAUEN IN DEN SINN DES SEINS?

Nur wenige Menschen zerbrechen sich den Kopf über den Sinn des Seins. Sie spekulieren, ob es Sinn hat, heute einkaufen zu gehen, sich ein teures Kleid zu gönnen, eine Reise abzusagen, eine Einladung zu verschicken, und Ähnliches. Was wir im Alltag benötigen, ist ein Vertrauen darauf, dass wir genug Verstand und Intuition, also „Kopf" und „Bauch" haben, um mitten in der gewohnten Routine sinnvolle Entscheidungen treffen zu können. Und dass uns in ernsteren Zweifelsfällen und bei Werteambivalenzen unsere „innerste Stimme" Rat spenden wird. Dass sie uns zuflüstern wird, was das Verwirklichungswürdigste unter dem jeweils Möglichen, das heißt, was der „Sinn des Augenblicks" ist. Zwar hören wir nicht immer gerne, was uns diese innerste Stimme (laut Frankl: unser „Sinn-Organ Gewissen") eingibt, und manchmal sträuben wir uns vehement dagegen und gehorchen ihr nicht, aber im Allgemeinen vertrauen wir auf die Richtigkeit des selbst Erspürten. Unser Gewissen ist *der gewisseste Maßstab*, den wir haben. Frankl grenzte es streng vom Über-Ich (Freud) ab, welches nur eingelernte Normen und Gesetze repetiert. Das Gewissen hingegen vermag sogar die uns eingebläuten Normen und Gesetze noch auf ihre Sinnhaftigkeit zu überprüfen und ggf. dagegen zu plädieren. Umso dramatischer ist es, wenn es irrt, denn: errare humanum est – alles am Menschen ist fehlbar. Topbeispiele für Gewissensirrtümer sind terroristische und fanatische Akte. Obgleich Frankl nicht davon überzeugt war, dass man sich allzu heuchlerisch mit Gewissensirrtümern – analog: mit Fremdbefehlen – rechtfertigen könne. Er wurde einmal von einem fürwitzigen Journalisten gefragt, was er, Frankl, Hitler geraten hätte, wenn dieser in seine Praxis gekommen wäre. Auf diese hypothetische Frage antwortete Frankl, er hätte Hitler auch nichts anderes nahegelegt, als auf sein Gewissen zu hören, da er nicht glauben könne, dass ihn das Gewissen zum Genozid aufgefordert habe ...

Freilich kann das Ausknobeln des jeweils Sinnvollen mitunter verzwickt sein. Und es ist keinesfalls leichter im Stadium des Wohlergehens, wie manchmal vermutet wird. Die Statistiken sprechen dafür, dass die verweichlichten Bewohner reicher Industrieländer mehr mit seelischen Störungen, Kriminalität, Drogenabhängigkeit und sonstigen Entgleisungen zu kämpfen haben als die Naturvölker. „Not zu wenden" ist unter anderem eine äußerst sinnvolle Aufgabe, und wo die „Not-Wendigkeiten" schrumpfen, fällt diese Aufgabe weg. Entlastende Lebensumstände erfordern ein gerüttelt Maß an Kreativität, um sinnvolle Aufgaben aufzuspüren. Ebenso können betrübliche Lebensumstände die Sinnfindung erschweren. Denn sie verlocken zur Entmutigung und Antriebslosigkeit. Hier ist Flexibilität angesagt sowie die Entschlossenheit, Restoptionen auszuloten und zu realisieren. Wie jedoch die Umstände auch sein mögen, nie ist ein Mensch, sofern er sich noch bei klarem Bewusstsein befindet, ihnen völlig ausgeliefert, immer ist er an ihrer Erschaffung mitbeteiligt!

Doch zurück zur Frage nach dem Sinn von Sein. Dieser numinose, alles umgreifende Sinn ist nicht zu erspähen, von keiner Superintelligenz und auch nicht von unserem Gewissen, das vorzüglich auf die Klärung des „Sinns des Augenblicks" geeicht ist. Frankl benutzte die Metapher von einer antiken Waage mit zwei Waagschalen: Auf der einen Waagschale liegt die Behauptung, alles Sein sei am Ende sinnlos. Leben stirbt aus, Planeten verglühen, Sonnen erlöschen, Galaxien schrumpfen zu schwarzen Löchern. Das Sein wird Beute des Nichts. Auf der anderen Waagschale liegt die Behauptung, alles Sein habe unendlichen Sinn. Es sei die Überwindung des Nichts, die Schöpfung des

„mehr als nichts", Ausdruck eines göttlichen Wirkens und Willens. Nun, von der Logik her wiegen beide Waagschalen gleich schwer; keine ist durch irgendeine Beweisführung als die Gewichtigere zu orten. Aber dann entschließt sich ein Mensch, *sein Credo in eine der beiden Waagschalen zu werfen*, und siehe da: Jetzt wiegt sie schwerer – für ihn.

Eine statistische Beweisführung jedoch gibt es. Laut Untersuchungen von *Stephen Covey* an umfangreichen Populationen bekennen sich hervorragend erfolgreiche Personen überwiegend zum Sinn von Sein. Laut Untersuchungen von *Leonard Sagan* bekennen sich außerordentlich langlebige Personen überwiegend zum Sinn von Sein. Es dürfte demnach körperlich wie seelisch bekömmlicher sein, einen Sinn von Sein zu bejahen, als dem Nihilismus zu frönen.

SPRICHT NICHT ZU VIEL
GEGEN DAS VERTRAUEN?

Kehren wir von der Erörterung des Urvertrauens zu der sehr irdischen Frage zurück, welchen Mitmenschen wir vertrauen dürfen. Diese Frage ist für die Kleinkinder bereits in den Märchen beantwortet, und zwar mit der Botschaft: „Sei vorsichtig, es gibt auch die Bösewichter, die Verführer, die Schlimmes im Schilde führen!" Brisant und hochaktuell stellt sich die Frage gegenwärtig, inwieweit man Informationen, Aussagen und Kommentaren aus dem Internet trauen kann. Im Gewühl der News und Fake News lässt sich die Wahrheit kaum mehr herausdividieren. Auch arbeitet die Werbung, die allseits auf uns niederprasselt, mit sämtlichen legalen Täuschungstricks.

Das einzige Mittel, um junge Menschen dagegen ein wenig zu schützen, ist die Parole: „Bilde dir eine eigene Meinung!" und „Bilde sie dir behutsam, indem du auf redliche und fundierte Informationsquellen baust!" Kritische Meinungsbildung geschieht im Schoß der Familie und an schulischen Lehrstätten dann, *wenn offen und aufgeschlossen miteinander diskutiert wird und Sachverhalte eben sachlich ausgelotet werden*. Desgleichen unterbleibt in totalitären und autoritären Regimes, in denen einfach gilt, was Führungspersonen behaupten oder anordnen. Aber auch in demokratischen Systemen gibt es ein Hindernis, und das ist die Zeitknappheit. Diskutieren und sachliches Überprüfen erfordert Zeit; Zeit in der Familie, Zeit im Unterricht. Zeit zum korrekten Ausformulieren in Ruhe und Zeit zum geduldigen Anhören in Ruhe. Wenn Eltern berufstätig sind, sich zusätzlich mit Haushalt und Kindern abstrampeln und eventuell sonstige Belastungen mit sich herumschleppen, fehlt die Zeit zum besinnlichen Gespräch. Wenn Leute nicht gelernt haben und nicht darin geübt sind, sich einigermaßen präzise auszudrücken bzw. ihre Gedanken und Befindlichkeiten in Worte zu kleiden, wenn sie also verbal schwächeln, hapert es ebenfalls mit klärenden Diskussionen.

Es ist sogar nachgewiesen worden, dass man mittels Rhetorikkursen die Gewaltexzesse an Schulen reduzieren könnte. Wer seinen Grant und Missmut dezidiert aussprechen kann, muss nicht zu Fäusten und zu Messern greifen, um ihn zu bekunden. Round-Table-Gespräche sind auch in der Diplomatie ein bewährtes Deeskalationsmittel. Dazu kommt: Wer ehrlich und offen spricht und wessen Handlungen mit dem von ihm Gesprochenen übereinstimmen, der besitzt einen kommunikativen Bonus. Dem vertraut man viel mehr als dem Wortkargen, der Handlungen setzt, die willkürlich dünken. Natürlich kann die Sprache genauso gut zum Lügen benützt werden. Daher ist ein Abgleich des Gesprochenen *mit den Handlungen des Sprechenden und mit der Realität* immer dringend zu empfehlen.

EMPATHIE – DAS ENTSCHEIDENDE THEMA DER ZUKUNFT

Eine der bitteren Erkenntnisse aus der Pandemieepoche war das Faktum, dass während der Lockdowns und dem Online-Schooling die Unsitte des Cybermobbings unter den Jugendlichen (und nicht nur unter ihnen) enorm zugenommen hat. Man hat dies mit gestiegener Langeweile, kompensatorischen Machtgelüsten und einem infantilen Verwischen von Spaß und Ernst erklärt. Dazu gesellt sich ein weiterer Faktor, der Experten aufhorchen lässt. Die Form von menschlicher Nähe, mit der im Chatroom des Internets operiert wird, löst nicht die gleiche Intensität an Empathie aus, die menschliche Nähe in vivo hervorruft.

Die Neurobiologen haben längst entdeckt, dass Empathie *der echten Kommunikation von Angesicht zu Angesicht bedarf.* Nur ein leibhaftiges Gegenüber, dessen nonverbale Signale seine sprachlichen Äußerungen ergänzen, erzeugt die Einfühlung in dessen leib-seelische Befindlichkeit. Was Blutbäder oder Schreckensszenen am Bildschirm angeht, ist die moderne, krimierprobte Gesellschaft längst abgestumpft. Kinder entwickeln Empathie, Mitleid und Barmherzigkeit fast ausschließlich in der intakten Gemeinschaft einer Familie oder engen Freundschaftsbeziehung, in der sich noch jeder um jeden persönlich kümmert. *Manfred Spitzer*, der Leiter der Psychiatrischen Universitätsklinik Ulm, hat in seinen Bestseller-Büchern die einfache Gleichung aufgestellt: „Je mehr Bildschirmzeit, desto weniger Empathie." Er hat seine Gleichung damit untermauert, dass es eines motorischen und sensorischen Kontaktes zur Realität bedarf, damit es das menschliche Gehirn schafft, die Außenwelt und ihre Reaktionen auf eigene Handlungen nachvollziehbar zu begreifen. Zum Beispiel zu begreifen, wie die Außenwelt leidet, wenn man sie malträtiert. Zu begreifen, wie sich Mitmenschen fühlen, wenn man ihre Würde mit Füßen tritt. Zu begreifen, dass sich die Natur rächt, wenn man ihre Gesetze verletzt. Nicht von ungefähr nehmen Gewalttaten, kriminelle Betrügereien und versteckte Tücken in unserer digitalisierten Kulturepoche zu, zumal Gangsterklamauk im elektronischen Feld unbedacht und skrupellos mit Jux und wohliger Gänsehaut assoziiert wird – Stichwort Thriller oder Computerspiele. Was auf dem Bildschirm „cool" und unterhaltsam ist, ist es im echten Leben bei Weitem nicht.

Auf die Frage, wem man vertrauen könne, umgelegt, muss man zugeben, dass man weder den Behauptungen aus dem Internet noch seinen eigenen Wahrnehmungen bei digitalen Interaktivitäten blindlings vertrauen kann. So faszinierend es auch ist, das geballte Wissen der Menschheit per Smartphone in der Hosentasche mit sich herumtragen zu können, so bedenklich ist es gleichzeitig, es zur Richtschnur seines Lebens zu erküren. Denn der digitale Raum kennt (genau wie die künstliche Intelligenz) weder Moral noch Mitgefühl. Moral und Mitgefühl, eben Empathie mit sämtlichen Geschöpfen dieser Erde, wird aber *das* Thema der Zukunft sein, das über unser aller Wohl und Wehe bestimmen wird.

Nach den Plänen der Evolution entwickelt sich nicht nur die Natur, sondern auch das menschliche Wesen per Mutation und Selektion kontinuierlich weiter. Wie flott sich Mutationen bilden, hat uns das Corona-Virus vor Augen geführt. Sollten wir Menschen sonach – vom Cyberspace angeschoben – zu empathieärmeren Wesen mutieren, könnte es sein, dass wir irgendwann in Zukunft das Selektionskriterium der Evolution nicht mehr bestehen und uns gegenseitig ausrotten. Die Mittel dazu hätten wir jedenfalls in unseren Atomwaffenarealen. Dem zu wehren gibt es bloß eine Möglichkeit: sich seinen Nächsten (und Fernsten) so oft wie machbar Anteil nehmend und um Verständnis ringend zu widmen, und das nicht bloß mithilfe von Bild- und Tonträgern, *sondern ganz konkret*.

GIBT ES ETWAS, DAS UNS ALLE EINT?

Es war schon einmal von einer Intensivierung der Achtsamkeit die Rede, die ich jedermann ans Herz legen möchte. Achtsamkeit ist eine Tugend, die sich nicht einseitig auf bestimmte Menschen oder Dinge richtet, die man besonders im Fokus hat, sondern die gleichsam eine Rundumstrahlkraft hat. Sie ist wie die Sonne, die auch nicht nur einen singulären Punkt beleuchtet, sondern ihr Licht über ein weiteres Feld verstreut. Wer achtsam ist, nimmt sich Zeit und Muße, auch Details zu registrieren, und fegt nicht im Schnellverfahren über sich und anderes hinweg. Er entwickelt ein Gespür für Nuancen und deren Bedeutung fürs Große und Ganze. Denn alles Große ist ja aus Kleinem aufgebaut, und wenn es im Kleinen holpert, dann gerät das Große aus den Fugen.

Die Achtsamkeit zeigt sich in den Winzigkeiten des Alltags: im sorgfältigen Ordnen seiner Angelegenheiten, in der Zuverlässigkeit und Pünktlichkeit beim Einhalten von Zusagen und Plänen, in liebevollen Gesten gegenüber Bekannten und Kollegen, in einem gezügelten Lebensrhythmus etc. Im Übrigen sind Egoismus und Altruismus keine echten Gegensätze, nämlich keine Alternativen. Denn wenn man für andere Menschen in Anteilnahme und Hilfsbereitschaft da sein will, dann muss man sich selbst fit erhalten, sonst fehlen einem die Kräfte dazu. Und wenn man selber glücklich und zufrieden leben will, muss man sich um seine Mitwelt kümmern und ihr freudig zuarbeiten, sonst manövriert man sich in eine unerträgliche Isolation hinein, in der man als Ausgestoßener haust. Wie Frankl so schön gesagt hat: „Das Ich wird Ich erst am Du."

Das, was uns alle eint, ist unser spezifisches Menschentum, unsere *Geistigkeit*, wie ich erwähnt habe. Sie unterscheidet uns von den übrigen Lebewesen, ist sozusagen unsere humane Legitimation, unser Humanausweis. Egal, welcher Gesellschaftsklasse, welcher Nationalität, Hautfarbe, welchem Bildungs- oder Gesundheitsgrad jemand angehört, diesen Humanausweis trägt er unabdingbar in sich. Wobei nochmals betont sei, dass mit unserer Geistigkeit keineswegs die Intelligenz gemeint ist, die zwar bei uns Menschen auch höher ist als beim Tier, aber vielleicht irgendwann in Zukunft beim Roboter höher ist als beim Menschen. Unter der geistigen Dimension verstand Frankl die Wertefühligkeit und Sinnstrebigkeit des Menschen, seine potenzielle Willensfreiheit und Verantwortlichkeit, sein ethisches und empathisches Empfinden und das Eingeladensein zum Mitschöpfer dieser Welt. Ich habe durch Frankl eine Psychologie und Psychotherapie kennengelernt, die sich selbst als „vom Geistigen her und auf Geistiges hin" definiert, also gerade an dieser geistigen Dimension des Menschen ansetzt und sie in ihre Therapiekonzepte mit einbezieht. Das macht sie so effizient. Sie übersieht nicht die biopsychischen Schwächen und seelischen Abgründe, die im Menschen schlummern, bemüht sich aber in ihren Gesprächstaktiken und Methoden, die geistigen Kapazitäten, die ebenfalls in jedermann vorhanden sind, zu wecken und zu fördern bzw. zu Heilungszwecken heranzuziehen.

Zu solchen Kapazitäten zählen *die Fähigkeit zur Selbstdistanzierung*, *die Fähigkeit zur Selbsttranszendenz* oder *die Fähigkeit zur Selbstgestaltung*. Kurz erklärt: Dank der Fähigkeit zur Selbstdistanzierung kann man ein Stück weit von überquellenden Emotionen wie Angst-, Wut- oder Begierdegefühlen abrücken und ihnen bei Bedarf Widerstand leisten. Dank der Fähigkeit zur Selbsttranszendenz kann man sich für etwas interessieren und engagieren, was außerhalb von einem selbst liegt und nicht wieder nur Eigenvorteilen dient. Und dank der Fähigkeit zur Selbstgestaltung ist man nie bloßes Opfer seiner Umstände, sondern kann sein

Lebensschiffchen selber steuern, wie die Winde auch stürmen mögen.

Man sieht: Das Vertrauen in die Menschlichkeit des Menschen, der sich nicht selten eher wie eine Bestie benimmt, mag angeknackst sein, und entbehrt dennoch nicht jeglicher Grundlage. Es gibt sie, die „geistigen Höhen" in uns, und solange wir *sie* nicht vergessen, werden wir nicht resignieren.

INDIVIDUUM UND GEMEINSCHAFT – EIN GEGENSATZ?

Als Wesen, die mit einer geistigen Dimension begabt sind, sind wir einander gleichgestellt, vereint unter dem Siegel unserer gemeinsamen Menschenwürde. Dieser Geistigkeit ist aber auch unsere Individualität geschuldet, der zufolge jeder von uns einmalig und einzigartig ist, unwiederholbar und unvertretbar im gesamten Universum. Seltsamerweise bedeutet das, dass wir nicht vollkommen sind und sein können, denn wäre jeder von uns vollkommen, dann wären wir ja alle gleich. Frankl hat das Gleichnis von einer Straße mit Pflastersteinen im Kontrast zu einem Mosaikbild gebracht. Die Pflastersteine auf der Straße sind alle gleich, und es ist völlig egal, an welchem Platz man einen von ihnen einzementiert. Im Mosaikbild hingegen ist jedes Steinchen von anderer Farbe und anderer Form und passt nur in eine gewisse Lücke hinein. Dort jedoch ist es an seinem „idealen Platz" angelangt und schließt die Lücke total. So steht es auch zwischen Mensch und Gemeinschaft. Jeder hat Schwächen und Mängel, Talente und Begabungen, jeder verfügt über gute wie schlechte Erfahrungen und jeder träumt von erfüllbaren und unerfüllbaren Hoffnungen. Gelingt es ihm, damit ausgerüstet „seinen" Platz in der Welt zu finden, an dem er Sinnvolles bewirken kann, dann geht es ihm und der Welt gut. Dann kann er seine Schwächen dämpfen und seine Talente entfalten, seine Erfahrungskompetenzen gebrauchen und einige seiner Hoffnungen realisieren.

Das alles heißt, dass die Gemeinschaft die Individualität der Einzelnen benötigt wie das Mosaikbild seine unterschiedlichen Steinchen. Es heißt aber gleichzeitig, dass die jeweilige Andersartigkeit des anderen zu respektieren ist. Der gemeinsame Wert aller Individuen ist die „künstlerische Qualität des Mosaikbildes", also das Wohlergehen der Gemeinschaft, das nur in kollektiver Anstrengung zu erreichen ist.

KÖNNEN WELTANSCHAULICHE GRÄBEN ÜBERWUNDEN WERDEN?

Was Gemeinschaften spaltet und damit zum Schwinden von gegenseitigem Vertrauen und von Solidarität führt, das sind am häufigsten weltanschauliche Gräben. Dabei sollte man Folgendes bedenken: Nicht nur menschliches Begreifen ist limitiert, noch limitierter ist menschliches Verstehen. Verstehen können wir eigentlich nur unseresgleichen, und vielleicht etwas knapp darunter: ein anschmiegsames Kätzchen, einen treuen Hund. Ein Efeublatt, einen Felsbrocken, ein Molekül zu verstehen ist uns schon nicht mehr gegeben, auch wenn wir deren physikalische und chemische Beschaffenheit zur Not noch eruieren können. Wie sollten wir da etwas uns so überragend und allumfassend Angedachtes wie „Gott" verstehen? Und dennoch wohnt ein tiefes metaphysisches Bedürfnis in uns, eine Sehnsucht nach einem Gottesbezug, wie immer dieser aussehen mag. Das führt dazu, dass wir uns religiöse Symbole schaffen, und sogar ganze Symbolsprachen: die Religionen. Wie alle Sprachen stehen sie für Inhalte, die sie nicht sind. Das Wort „Tisch" steht ja auch für ein Ding, das das Wort selber nicht ist, sondern eben nur symbolisiert. Genauso sind die verschiedenen Religionen zu deuten: Sie transportieren eine Wahrheit, die sie selber nicht besitzen.

In diesem Bewusstsein ist *Toleranz* leicht. Betrachtet man die einzelnen Religionen wie einzelne Sprachen, dann hört die Überheblichkeit und Besserwisserei auf. Schließlich kann man ein und dieselbe Botschaft auf Spanisch, Englisch oder Französisch ausdrücken, und niemandem wird es einfallen, eine Variante davon abzuwerten. Im Gegenteil, man wird sich um Übersetzungshilfen bemühen, um miteinander kommunizieren zu können. Genau dies braucht es hinsichtlich der verschiedenen Religionen auch, nämlich das Bemühen um „Übersetzungshilfen". Verstehen können wir fast nur unseresgleichen, haben wir gesagt. Nun: die Anhänger fremder Religionen *sind* unseresgleichen, und wenn es uns gelingt, ihre Symbolsprache in uns bekannte Symbole zu übersetzen, dann steht einer friedlichen Kommunikation mit ihnen nichts im Wege.

WANDELT SICH UNSERE WELT ZUM NEGATIVEN?

Das Gerede über den Wandel ist derzeit in aller Munde, doch einen Wandel hat es immer schon gegeben. Der Wandel ist sozusagen ein kosmisches Prinzip. Sternkonstellationen, Meere, Kontinente, Gebirge, Landschaften, Atmosphäre und Wetter ändern sich kontinuierlich. Die Antwort der Evolution darauf lautet: Anpassung. Pflanzen- und Tiergattungen, die sich anpassen konnten, haben überlebt. Viele von ihnen konnten mittels kleiner biologischer Tricks gewaltige Naturumstürze überstehen. Für viele von ihnen war das Heraufdämmern des Menschengeschlechts die reinste Katastrophe, und selbst die haben sie bisher leidlich überlebt. Wobei man einsehen muss, dass das Artensterben auch ohne unsere Sünden unausweichlich zum Wandel dazugehört.

Ähnlich wird das Menschengeschlecht Katastrophen immer nur sekundär abwenden konnen und nicht primär. Damit will ich sagen: Als Erstes werden Katastrophen über uns hereinbrechen, selbst heraufbeschworen oder nicht, und als Zweites werden sich Kräfte in uns formieren, diese Katastrophen irgendwie zu bewältigen. Wobei wir, wie bereits dargelegt, auf mehr Ressourcen als nur auf Anpassungsprozesse zurückgreifen können. Wir können dank unserer mentalen und geistigen Kapazitäten innovative Prozesse aller Art in Gang setzen und nicht nur uns selbst an veränderte Gegebenheiten anpassen, wie es die Pflanzen und Tiere tun, sondern ebenso die Gegebenheiten ein Stück weit an unsere elementaren Bedürfnisse anpassen, und das ist ein immenser Fortschritt. Allerdings ein Fortschritt mit Pferdefuß, denn wer natürliche Gegebenheiten massiv aufmischt, bringt ihr Gleichgewicht ins Wanken und dadurch neue Katastrophenlawinen ins Rollen. Man denke nur an das Abholzen der Regenwälder in den Tropen oder an die Müllentleerung in die Ozeane. Daher ist dem Wandel zweigleisig zu begegnen: mit dem typisch menschlichen schöpferischen Esprit, *aber im Verbund mit einer ehrfürchtigen Rücksichtnahme auf den Lebensraum aller Wesen der Natur.* Beides sollte schon im einzelnen Haushalt beginnen und hineinreichen in die Laboratorien der Topwissenschaften und Hochfinanz.

Die Welt wandelt sich also, und der Wandel an sich ist neutral. Wie wir dem Wandel begegnen, kann positiv oder negativ sein, und die Entscheidung darüber liegt in unseren Händen.

KANN MAN IN EINER
UNSICHEREN WELT
VERTRAUEN?

Rekapituliert man die Geschichte der Menschheit, könnte man allen besorgniserregenden Geschehnissen zum Trotz ein großes Vertrauen darauf nähren, dass sie noch etliche Jahrtausende Entfaltungschance vor sich hat. Vielleicht „abgespeckt" durch eine Überhitzung der Gemüter (Einsatz von Kernwaffen) oder eine Überhitzung des Biotops (Ernährungsengpässe), aber dennoch. Sie hat bisher sämtliche Krisen überstanden, und dies mit einem gigantischen Bevölkerungszuwachs. Freilich haben Milliarden Einzelschicksale tragisch geendet, aber stets haben neue wissenschaftliche Errungenschaften einen flächendeckenden Untergang verhindert. Gerade die blitzschnelle Produktion von Impfstoffen in der Pandemiezeit ist ein passendes Beispiel dafür; und bezüglich des gefährlichen Klimawandels wird es auch zunehmend konstruktive Ideen geben. Aber grundsätzlich kann man überlegen, ob es überhaupt eine Rolle spielt, wie lange die Menschheit existieren wird. So wie jedes Individualleben wird auch sie einmal vergehen. Und so wie in jedem Individualleben kommt es nicht auf die Länge, sondern auf die *Qualität* des (vergehenden) Lebens an. Das bedeutet, dass sich unsere Hoffnung nicht darauf richtet, dass unsere Spezies unendlich lange leben wird, sondern vielmehr darauf, dass sie kulturell und ethisch noch expandieren wird. Dass es ihr gelingen kann, die aggressiven und egomanischen Tendenzen in sich abzubremsen und an Weisheit, Gemeinschaftsgefühl und Nächstenliebe zuzulegen. Demnach zielt das Vertrauen in einer als unsicher erlebten Welt hauptsächlich darauf ab, dass genügend Entwicklungspotenzial im Menschen schlummert, nicht nur um Krisen physisch zu meistern, sondern auch um an Krisen seelisch zu reifen und sich der Erkenntnis zu nähern, dass wir alle miteinander *eine* Menschheit sind, die in *einem* Boot – auf *einem* Planeten – sitzt und die globale Probleme nur im Verbund miteinander bewältigen kann. Frankls Warnung, dass man Jahrtausende gebraucht habe, um zum Eingottglauben, zum Monotheismus, vorzustoßen, aber nicht noch einmal Jahrtausende verstreichen lassen könne, um zum Glauben an die *eine* Menschheit, zum „Monanthropismus" zu gelangen, hatte fast visionären Charakter.

Parallel könnte man angesichts unserer „unsicheren Welt" auch ein bisschen in die *Dankbarkeit* investieren, denn sie ist ein ausgezeichnetes Korrektiv. Personen, die die Welt ständig voller Misstrauen betrachten und immer das Schrecklichste erwarten, leiden sozusagen an einem Tunnelblick. Sie erinnern einzig das Schlechte, das ihnen passiert ist, sie vergrößern alle Misere der Gegenwart wie durch eine Lupe und sie erwarten nichts als Kollapse in der Zukunft. Das ist das Gegenteil von der sprichwörtlichen „rosa Brille" auf der Nase. Es ist die „schwarz verfärbte Brille", die alles Wahrgenommene verdunkelt. Die Dankbarkeit kratzt einiges von dieser Schwärze ab, sodass wieder registrierbar wird, wie oft die Gnade in unserem Leben gewaltet hat, wie oft man an einem Unglück vorbeigeschrammt ist, wie viel Hehres und Erfreuliches ringsum da ist und was sich Tröstliches am Zukunftshorizont abzeichnet. Wir brauchen weder rosa noch schwarze Brillen – durchsichtige reichen vollauf für ein Trotzdem-Vertrauen.

WEM DARF MAN ÜBERHAUPT VERTRAUEN?

Das Vertrauen der Menschen in Institutionen und deren Repräsentanten ist in den letzten hundert Jahren radikal gesunken. Vertreter von Staat, Kirche und Wirtschaft sind vielfach diskreditiert worden. Das hängt damit zusammen, dass der Aufdeckungsjournalismus heute Teil der Medienlandschaft ist und wesentlich mehr „Schandtaten" der Obrigkeiten publik geworden sind als früher. Das Begrüßenswerte daran ist, dass Vertuschung schwieriger geworden ist; man denke z. B. an die Missbrauchsskandale bei Ordensleuten oder an unbefugte Machenschaften von Spitzenpolitikern. Eine gelegentliche öffentliche Überprüfung der Untadeligkeit von Autoritätspersonen ist wahrlich kein Schaden.

Andererseits sind diejenigen, die im Rampenlicht stehen, keine Heiligen und können es nicht sein. Sich an ihren Schwächen zu weiden, weil man ihnen insgeheim ihre Position neidet, wäre schäbig. Die uralte Bibelfrage, wer berechtigt ist, den ersten Stein zu werfen, hat bis heute nicht an Gültigkeit verloren. Wenngleich die Verantwortlichen in Staat, Kirche und Wirtschaft Fehler begehen und ihnen mancher Lapsus unterläuft, sollte man zumindest ihr lauteres Bemühen honorieren, dort wo es vorhanden ist. Es ist nicht alles verkehrt, was sie verkünden, wenngleich oppositionelle Gruppen dies so darzustellen pflegen. Anklagen und anprangern ist leicht und selber perfekt handeln ist schwer. Problemverständnis und Problemlösekapazität klaffen häufig auseinander, insbesondere dann, wenn die Lösung eines Problems weitere Probleme schafft. Baut man z. B. eine Stadt umfahrende Schnellstraße, so löst man ein Stauproblem in einem Ortsteil, dessen Bewohner unter schimpfenden Stopp-and-go-Autofahrern, stinkender Luft und ohrenbetäubendem Lärm ächzen und stöhnen. Aber man muss kostbaren Wald roden, wertvolle Wiesen zubetonieren, bäuerlichen Betrieben Land abkaufen und damit rechnen, dass sich der umweltschädliche Verkehr verstärken wird, weil die neue Straße zur Benutzung einlädt.

Es ist nicht bloß so, dass man es nie allen Leuten recht machen kann. Man kann vieles auch ganz allgemein nicht „recht" machen, weil die Dinge kontrastierende Perspektiven haben und noch dazu niemand mit der Gabe des Hellsehens ausgestattet ist, die es ihm ermöglichen würde, sämtliche Konsequenzen einer von ihm zu treffenden Entscheidung zu antizipieren. Im Nachhinein kann man alles viel besser beurteilen als im Vorhinein, weil man dann die Konsequenzen überblickt, was vorher nicht der Fall war. „Gut gemeint" ist nicht zwingend „gut ausgegangen", was jede Mutter und jeder Vater vorbehaltlos bestätigen wird, die/der sich ihre/seine Erziehungsergebnisse anders vorgestellt hat, als sie ausfallen. Dennoch ist „gut gemeint" von höherer Akzeptanz als „bös gemeint", und deshalb sollten wir bei allem Protestgehabe, das uns zusteht, stets auch die Lage derer bedenken, die die Schicksale vieler zu lenken haben. Sie sind nicht zu beneiden! Wobei ich freilich diejenigen ausklammern möchte, die es wirklich „böse meinen", indem sie ihre Macht verwenden, um andere Menschen – und ganze Völker – zu unterdrücken. Sie verdienen unser Vertrauen nicht.

Was die Kollegenschaft betrifft, so muss man ihr weitgehend vertrauen, sonst wäre keine Zusammenarbeit zu vollbringen. In zahlreichen Betrieben muss sich einer auf den anderen verlassen können und tut das gewöhnlich auch. In einer Bäckerei z. B. knetet der eine den Teig, der andere formt die Brötchen usw. Manchmal knirscht es im Getriebe, aber im Durchschnitt klappt es mit der Kooperation mäßig gut. Auch Kinder werden schon in die Funktionsaufteilung der Familie eingeweiht und wissen, was wessen Zuständigkeitsbereich ist. Jeder vertraut darauf, dass die übrigen Mitglieder ihre Funktionen brav und treu erfüllen (Krankheitsfälle ausgenommen). Überhaupt möchte ich dafür plädieren, unseren Mitmenschen in einer Art „finalen Vorleistung" eine Spur mehr Gutes zuzutrauen, als begründet ist, denn *das motiviert sie zum Guten*. Dafür muss mit gelegentlichen Enttäuschungen bezahlt werden, was aber einem sozialen Beziehungsgeflecht voller Misstrauen vorzuziehen ist.

Nota bene: Unsere Haltungen, die wir uns aneignen, wirken auf unser eigenes Gemüt zurück. Wer streng über andere urteilt, windet sich, wenn er selbst versagt. Wer anderen nicht verzeiht, glaubt nicht daran, dass ihm selbst jemals verziehen werden könnte. Wer andere wild zur Leistung antreibt, jagt sich selbst in Hetzereien hinein. Wer hingegen Milde walten lässt, begutachtet sich selbst in mildem Licht, was ihn ermutigt, seinen begonnenen Weg vertrauensvoll fortzusetzen.

WAS HAT ES MIT DEM SELBSTVERTRAUEN AUF SICH?

Beim eigenen Lebensweg spielt das Thema „Selbstvertrauen" eine eminente Rolle. Ein gesundes Selbstvertrauen beschwingt die Schritte und flößt Zuversicht ein. Deswegen haben sich sämtliche Psychotherapierichtungen intensiv mit diesem Thema beschäftigt. Es geht um *eine angemessene Realitätseinschätzung der eigenen Ressourcen*, die man leider über- oder unterschätzen kann – beides mit fatalen Folgen. Bei der Selbstunterschätzung bleibt man bedauerlicherweise unter seinem angemessenen und erreichbaren Bestniveau zurück. Bei der Überschätzung stürzt man in mutwillig überzogenen Sprüngen ab. Psychotherapeuten möchten ihre Klientel vor beiden Gefahren bewahren. Wobei sie es eher mit den depressiven, zögerlichen und wankelmütigen Personen zu tun haben, die sich zu wenig zutrauen und ständig vor irgendwelchen „Strafsanktionen" des Lebens oder der Mitwelt bangen. Die forschen und überheblichen Rabauken halten es im Unterschied zu ihnen kaum für nötig, fremden Rat einzuholen.

Aber Selbstvertrauen steht noch in einem anderen Kontext als dem der Selbsteinschätzung. Ein ausgeprägtes Selbstvertrauen spendet die Sicherheit, dass eigene Entscheidungen *tatsächlich ausgeführt und umgesetzt werden*, was hoch mit seelischer Gesundheit und Zufriedenheit korreliert. Es gibt nämlich die krisenträchtige Tendenz zu sogenannten „Lippenentscheidungen", die ständig in der Schwebe hängen, und daran kranken viele Menschen. Sie nehmen sich etwas vor und handeln nicht danach oder schieben es vor sich her. Sie annullieren quasi die Gültigkeit ihrer eigenen Vorhaben. Was geschieht? Man stelle sich vor, man telefoniert nach einem Handwerker. Er sagt zu, am Dienstag um 10 Uhr zu erscheinen. Aber er kommt nicht. Man telefoniert erneut mit ihm. Er serviert ein paar Ausflüchte und beteuert, am nächsten Dienstag pünktlich zu erscheinen. Wiederum wartet man vergebens auf ihn. Was wird man über diesen Handwerker denken? Vermutlich nichts Lobendes. Genauso muss ein Mensch, der seine eigenen Entscheidungen boykottiert, über sich selber denken. Das zynische Wort, dass der Weg zur Hölle mit guten Vorsätzen gepflastert ist, kommt nicht von ungefähr.

Im Fazit: Wer sich etwas fest vornimmt und danach kneift, gelangt alsbald zu der Selbstbewertung: „Ich tauge nichts! Auf mich ist kein Verlass!" Das deprimiert ihn und drückt sein Selbstvertrauen in den Keller. Deshalb haben Patientinnen und Patienten im psychotherapeutischen Gespräch nicht nur oft zu lernen, sich intensiver einzubringen, als sie es sich gerade zutrauen, sondern oft auch zu lernen, eher Weniges und wenig Strapaziöses zu planen, dieses Wenige *aber auch zu erledigen* – außer es tauchen plötzlich dringende Argumente dagegen auf. Und zwar zu erledigen relativ unabhängig davon, ob sie gerade Lust und Laune dazu haben, sich wohl oder unwohl dabei fühlen oder von sonstigen Parametern beeinträchtigt werden. Mit einem solcherart erworbenen Durchhaltevermögen können sie ihre Vorhaben verwirklichen und ihr Leben auf eine solidere Basis stellen.

KANN MAN SICH DIE
FÄHIGKEIT,
ZU VERTRAUEN,
ERARBEITEN?

Es ist der Ausdruck „finale Vorleistung" angeklungen. Dazu möchte ich erläutern, dass es sich um ein Konzept handelt, das aus diversen Sackgassen herausgeleitet und im psychotherapeutischen Methodenrepertoire unverzichtbar ist. Die von Frankl entdeckte geistige Kapazität *Selbstdistanzierungsfähigkeit* versetzt den Menschen unter anderem in die Lage, „sich selbst ein Stück vorauszueilen", sich – um auf Münchhausen anzuspielen – von seinem besseren Ich am Schopf aus dem Sumpf ziehen zu lassen. Das ist keinesfalls leicht, sondern bitterschwer, aber machbar und in so manchen Dilemmata und Zwangslagen die einzige Rettung. Denken wir an einen Alkoholiker. Wie kann er seiner Sucht entrinnen? Doch nur, indem er (mit oder ohne Unterstützung) zunächst einmal einen Tag lang „trocken" bleibt. An diesem Tag leistet er einen Vorschuss auf sein freies Ich. Er lebt bereits so, als wäre er gar nicht alkoholabhängig, obwohl er es noch mit allen Fasern seines Organismus ist. Vielleicht schafft er einen zweiten Tag, eine Woche, ein Jahr ... ständig hinter seinem suchtfreien Ich hinterherhechelnd ..., bis er es eines Tages erreicht.

Denken wir an einen Angstgestörten. Auch er kann seine irrational überbordenden Ängste nur bändigen, indem er sich ein erstes Mal der angstbesetzten Situation stellt, vor der er bisher bibbernd geflüchtet ist. Er handelt, als besäße er Tapferkeit und Mut, und das zu einem Zeitpunkt, da ihm die Knie vor lauter Horror schlottern. Man kann ihn dabei mit allerlei effizienten Tipps unterstützen, aber den Gang in den „Löwenkäfig" kann man ihm nicht abnehmen. Er muss ihn, seinem heldenhaften Ich nachstapfend, so lange wagen, bis er die vermeintlichen „Löwen" als harmlose Häschen entlarvt hat und das Ich geworden ist, das ihm vorgeschwebt hat.

Denken wir an ein Paar im Konflikt. Sie beschuldigt ihn, rüde und gemein zu sein, er beschuldigt sie, unerträglich und zänkisch zu sein, und die Feindschaft wächst. Was kann jeder der beiden Gegner zur Beziehungsbesänftigung unternehmen? Eines gewiss nicht: Keiner kann passiv warten, bis sich der andere ändert. Da würde er lange warten! Aber er kann *sich* ändern, etwa indem er auf den „Feind" mit ausgestreckter Hand zugeht und ein Signal in Richtung Zugeständnis und Kameradschaft erbringt. Das könnte den „Feind" bewegen, seinerseits auf einen ähnlich kameradschaftlichen Verhaltensstil umzuschwenken. Allerdings gilt wiederum die Regel, dass diese „finale Vorleistung" zu einem

Zeitpunkt gestartet werden muss, da man seinem Gegner noch zutiefst grollt – und sich dennoch schon auf die Spur seines eigenen versöhnlichen Ichs begibt.

Ich habe einige Beispiele aufgelistet, um den kurativen Mechanismus des „sich selbst ein Stück Voraus-Seins" zu demonstrieren. Er funktioniert gleichermaßen im Falle verlorenen Vertrauens. Der Betreffende kann es nur zurückgewinnen, indem er *gegen allen inneren Widerstand in ein vertrauensvolles Leben hineinschlüpft und sich überraschen lässt*. Nicht selten hatte ich eine Patientin, die ihrem aktuellen Gefährten voller Abwehr und Misstrauen begegnete, weil irgendwann in ihrer Vergangenheit ein Mann ihr geschadet hatte. „Ich kann meinen Freund nicht lieben, ich kann mich ihm nicht öffnen, weil mir meine schlechten Erinnerungen hochkommen ...", war das übliche Lamento. Sobald eine solche Patientin einsah, dass ihr Freund an ihren miserablen Erfahrungen völlig unschuldig war und also ihr Misstrauen nicht verdiente, dass im Unterschied dazu aber *sie* es verdiente, nach dem überstandenen Debakel die Liebe nunmehr in ihrer schönen und lauteren Form kennenzulernen, war sie willens, sich zu einem Vertrauensvorschuss durchzuringen – und die Liebesbeziehung gedieh.

WAS STÖRT DIE VERTRAUENSBILDUNG?

Gemäß den verschiedenen Seinsdimensionen des Menschen ist auch die Genesis von Krankheiten verschieden dimensional. Manche Krankheiten entspringen Funktionsschwächen oder Verletzungen im körperlichen Bereich. Andere wiederum haben ihre Hauptursachen in psychischen Verstrickungen und obsoleten Konditionierungen. Und obwohl Geistiges per se nicht krank werden kann, gibt es auch Störungsbilder, in die Geistiges erheblich involviert ist, die auf ein „existenzielles Vakuum" (Frankl) zurückgehen oder von einer „Pathologie des Zeitgeistes" (Frankl) angefacht werden.

In jeder menschlichen Seinsdimension können Vertrauen mindernde Prozesse auftreten. Schwere körperliche Erkrankungen, die mit starken Schmerzen und Todesängsten verknüpft sind, sind nicht notwendigerweise Herausforderungen für das Urvertrauen. Die Statistik lehrt, dass sie oft sogar die Spiritualität der Betroffenen aufstocken. Aber schwere körperliche Erkrankungen aus dem psychotischen Formenkreis wie uni- und bipolare Depressionen und Schizophrenien (insbesondere paranoide Wahngebilde) umzingeln das Urvertrauen wie mit undurchdringlichen Mauern. Es ist dann zwar im Kern der Person noch vorhanden, aber vom Krankheitsgebilde überlagert und scheinbar verschwunden. Ähnlich umnebeln schwere psychische Erkrankungen und Schockzustände den Vertrauenshorizont einer Person. Panik, Sucht, Verzweiflung, Suizidfantasien etc. lassen ihn verblassen und umgaukeln die Kranken mit den Gefühlen der Hoffnungslosigkeit und Ausweglosigkeit. Bei derart schweren psychophysischen Belastungen sind die Kranken nicht mehr imstande, sich zu einem Vertrauensvorschuss aufzuraffen, und stecken folglich in ihrem Vertrauensverlust fest. Zum Glück ist die Medizin heute weit genug gediehen, um über medikamentöse Eingriffe ins Nervensystem solche psychophysischen Barrieren porös zu machen, was den Kranken ein gewisses Aufatmen ermöglicht. Dennoch bleiben ihre Vertrauensbildung und -rückbildung im Risikobereich, zumal solche Kranken häufig krankheitsbedingt in eine soziale Isolation schlittern, was ihre Rekonvaleszenz dämpft.

Wie sieht es nun mit schweren Defiziten auf geistiger Ebene aus? Gemeint sind nicht intellektuelle oder kognitive Retardierungen, sondern Auswirkungen eines glatten Neins auf die Sinnfrage. Es ist dem menschlichen „Freigeist" gestattet, zu bejahen oder zu verneinen. Er kann sich in Weltabsage begeben und sämtlichen Anforderungen des Lebens verweigern. Eine erkleckliche Anzahl von durchaus brillanten Philosophen hat sich in ihren Theorien zu einer solchen Weltabsage entschlossen. Eine noch größere Zahl an durchaus klugen Potentaten hat sie in einem gleichgültigen „Über-Leichen-Gehen" praktiziert. Wo alles keinen Sinn hat, wo alles wertlos ist, sinkt die Hemmung, Leben der Vernichtung preiszugeben, sei es fremdes oder eigenes. Wozu soll man es denn schützen? Wenn nichts Sinn hat, kann man entweder versuchen, es sich so gemütlich und lustig wie möglich zu machen, bis man „krepiert", oder den Kopf gleich hängen lassen und in chronischem Pessimismus dahinvegetieren.

Frankl diagnostizierte in solchen Fällen eine *noogene Neurose* oder eine *noogene Depression*, je nachdem. Das Urvertrauen jedenfalls versackt in der noogenen Symptomatik. Wenn eine Psychotherapie da noch helfen kann, dann ist es die von Frankl entwickelte sinnzentrierte Psychotherapie. Sie überbewertet weder die Gefühle ihrer Klientel noch appelliert sie an deren Verstand, sondern bemüht sich, die Stimme des „Sinn-Organs Gewissen" bei ihrer Klientel zu evozieren. Zutiefst ahnt jeder Mensch, was „das Erfordernis seiner Stunde" wäre, das braucht ihm kein Therapeut zu suggerieren. Gelingt es, diese Ahnung zu verstärken, verstärkt sich auch die Bereitschaft der Person, auf sie zu hören.

Auf welch breiter Ebene dies funktioniert, hat sich bei einem viel beachteten Besuch Frankls in Moskau in den 1980er-Jahren gezeigt. Er hat sich nicht gescheut, in einer bewegenden Rede vor hochrangigen Gästen klarzustellen, dass es der herrschenden Eliten zweierlei gibt. Er sagte, für die einen heiligt der Zweck die Mittel – während die anderen sich sehr wohl dessen bewusst sind, dass es auch Mittel gibt, die den heiligsten Zweck entweihen können. *Denn wem jedes Mittel recht ist, dem ist überhaupt nichts heilig*. Mit dieser Aussage riskierte Frankl damals allerhand, aber sein Auditorium klatschte Beifall. Trotz totalitärer Indoktrination wurde das versteckte „Gewissenaufrütteln“ gespürt. Dass Frankls Worte in den 2020er-Jahren auf entsetzliche Weise an Aktualität gewinnen sollten, ist überaus traurig. Wieder war es ein „gebanntes Hinblicken auf den bloßen Zweck“, das im Ukrainekrieg unendliches Leid, Tote und Verletzte verursacht hat, während ein rechtzeitiger „Hinblick auf den allwaltenden Sinn“ die Notbremse gezogen hätte.

HÄNGEN TRAUER UND VERTRAUENSVERLUST ZUSAMMEN?

Auch ohne politische Gewalt und mörderisches Beiwerk mäht der Sensenmann über die Wiesen. In Abständen schlägt das Schicksal blindwütig zu. Das Phänomen der Trauer ist keine psychische Anomalie, sondern ein normaler Vorgang bei großen Wertverlusten. Das Kritische an solchen Verlusten ist, dass sie zu einer Rebellion verleiten, bei der man schnell mit dem Kopf gegen eine Wand rennt. Jeder von uns war schon oft genug traurig und hat sich in diesem Zustand mit existenziellen Fragen herumgeschlagen: „Wieso?“ „Warum?“ „Ausgerechnet ich?“ Ein erlittenes Leid bleibt im Letzten unbegreiflich, auch wenn man seine Ursachen kennt. Im Würfelspiel des Schicksals hätte es schließlich auch anders kommen können. Frankl, der selber eine Tragödie makabren Ausmaßes durchgemacht hat, verstand Trauernde nur allzu gut und half ihnen als Seelenarzt, von einer solch unfruchtbaren Rebellion loszukommen, indem er ihre Sichtweise sanft korrigierte.

Überlegen wir: Viele Werte verbinden sich mit unserem Leben. Wir sind (mehr oder weniger) gesund, gescheit, haben Freunde und Familienangehörige, durchschnittliche Freude an Ausbildung, Beruf oder Hobby und dergleichen. Wir leben in unserer Gesellschaft in geregelten Verhältnissen in einem friedlichen Land. Wir gewöhnen uns an diese Werte und halten sie irrtümlich für uns zustehend, als hätten wir ein verbrieftes Recht darauf. In Wirklichkeit ist dies nicht der Fall. Nichts „steht uns zu", und nacktes Leben ist schon Gnade.

Der Trauernde ist aus diesem „rechthaberischen Denken" abrupt aufgewacht und hat plötzlich begriffen, dass alles Geschenk ist, nämlich Geschenk auf Zeit, oder noch krasser: dass alles Lehen ist und zurückgegeben werden muss. Gesundheit, Freunde, Arbeit, Wohlstand ... alles schwindet dahin. Gleichzeitig aber sieht der Trauernde mit kristallklarer Schärfe, dass zumindest *ein* Wert in seinem Leben da war, ein so schöner und großartiger Wert, dass er ihm eben nachtrauert, weil er ihn jetzt zurückgeben und loslassen muss. Er weiß um etwas Wunderbares, das er vielleicht früher gar nicht richtig geschätzt hat, das ihm aber gewährt war, eine herrliche Spanne Zeit lang gewährt war. Und das, obwohl es ihm wieder genommen wurde, sein Leben bereichert und angereichert hat. Der Trauernde ist reich – an einem Glück, das sich ihm geschenkt hat und das er geliebt hat. Wirklich arm ist derjenige, der gar nichts zu betrauern hat, weil nur wenig Wertvolles in sein Leben hineingekommen ist, weil er zu wenig geliebt hat.

Frankl ermahnte uns, eine „kopernikanische Wende" zu vollziehen, wie er es genannt hat. Wir sind nicht die *Fragenden*, betonte er, also diejenigen, die Fragen (an das Geschick, an Gott ...) stellen könnten, sondern wir sind vielmehr die *Befragten*, die auf die Fragen des Lebens zu antworten haben. Und die ihre Antworten auch zu verantworten haben, wie er hinzufügte. Das Leben fragt den einen: „Du hast eine tüchtige Tochter. Wie gehst du mit ihr um?" und den anderen: „Du musstest dein Kind begraben. Wie gehst du mit dieser Tatsache um?" Die Fragen sind gemischt, von traumhaft lustvoll bis unvorstellbar grausam, aber auf die Fragen kommt es in Wahrheit nicht an. *Die Antwort ist unser, und die Antwort ist frei*. Man kann auf lustvolle Fragen miserabel (z. B. dominantes Ausnützen der Tochter) und auf grausame Fragen hervorragend (z. B. inniges Gedenken des Kindes) antworten. Es ist wie bei den Prüfungsarbeiten in der Schule: Die Benotung bemisst sich nicht an den Fragen, sondern allein an den Antworten, die wir geben. Frankl empfahl, sich vor dem undurchschaubaren Geheimnis zu beugen und an den eigenen Antworten auf die diversen Lebensfragen zu feilen.

Im Übrigen fragen Menschen kaum, warum es ihnen gut geht oder warum sie sich in bevorzugten Lagen befinden. Warum fragen sie dann im Kummer? Der Zufall erklärt sich uns nicht.

Neben den Wertverlusten gibt es noch die quälende Trauer über Versäumtes und Misslungenes. Zwar erzählt auch sie von einem Wert, der sich unserem Leben angeboten hat, der es bereichert hätte, dem wir aber den Zutritt verwehrt haben. Es gehört zum Menschsein dazu, schuldig zu werden, was heißt, den Sinnanruf einer Situation nicht zu verstehen oder ihm zuwiderzuhandeln. Manches lässt sich rückwirkend wiedergutmachen, anderes nicht. Doch nicht nur jeder Versuch einer Wiedergutmachung, auch die Reue, das ehrliche Eingeständnis, die Bitte um Vergebung u. Ä. stellen *sinnvolle Antworten* auf erfolgte Sinnwidrigkeiten dar. Denn in diesen Akten wächst ein Mensch über seine Schuld hinaus – in eine bessere Identität hinein.

Zusammenfassend lässt sich feststellen, dass *das Vertrauen sogar im Trauerfall noch seine Kraft entfalten kann.* Es wispert uns zu, dass es sinnvolle „Antworten“ auf Leid und Schuld gibt: dass unsere Liebe zu verlorenen Angehörigen und sonstigen Werten in unserem Schmerz weiterlebt, dass unser tiefes Bedauern über

Versäumnisse und Fehlhandlungen uns gleichsam „adelt" und dass es sich insgesamt angesichts der wogenden Fülle des Erlebten trotz allem gelohnt haben wird, gelebt zu haben.

KÖNNEN DÜSTERE STIMMUNGEN IN RICHTUNG HOFFNUNG UMSCHLAGEN?

Düstere Stimmungen sind – wenn sie nicht Ausdruck von Trauer oder Krankheitssymptom sind – Alarmzeichen dafür, dass etwas nicht in Ordnung ist. Es gilt, die Alarmzeichen richtig zu deuten und entsprechend zu reagieren. Wenn man sich in einem Gebäude aufhält, in dem plötzlich der Feueralarm losgeht, wird man sich nicht auf die Stufen setzen und über den ertönenden Lärm beschweren. Stattdessen wird man logischerweise das Gebäude schleunigst verlassen. Wer auf Stufen und Beschwerden hocken bleibt, verbrennt. Auch düstere Stimmungen sind ein Zeichen, das nicht auf „darin hocken bleiben" und „sich beschweren" verweist. Es gilt, einen Zustand, eine Eigenart, eine Gewohnheit, eine Ansicht zu verlassen, was es auch sei, weil Schadensstiftung droht. Düstere Stimmungen entstehen, wenn man z. B. etwas unbedingt haben will, das man nicht haben kann oder hergeben muss. Oder wenn man nicht seinen Begabungen entsprechend eingesetzt, sondern über- bzw. unterfordert ist. Im Gleichnis des Mosaikbildes gesprochen: Wenn das Steinchen nicht in seine ihm zugedachte Lücke hineinwill oder wenn es umherirrt und seine richtige Lücke nicht finden kann. Viele Menschen fühlen sich falsch platziert und schieben anderen die Schuld dafür in die

Schuhe. Das lichtet ihre Stimmung nicht. Hoffnung ist ein Kind des Vertrauens. Trauen wir uns zu, den Platz zu finden, auf dem das Beste von uns zum Vorschein kommt! Trauen wir der Mitwelt und insbesondere der Jugend zu, besser als ihr Ruf zu sein! Trauen wir höheren Mächten zu, uns durch sämtliches Leid hindurchzugeleiten! Wagen wir zu vertrauen – in einer Zeit, in der der Vertrauensverlust grassiert. Man muss aus den Schatten heraustreten, um das Licht der Hoffnung auf seinen Wangen zu spüren.

KANN MAN SICH IM
AUF UND AB DES LEBENS
IRGENDWO VERANKERN?

Man gestatte mir, ein wenig persönlich zu werden. Ich weiß die Gaben der Stille zu schätzen. Selbst als ich noch im Arbeitsprozess eingespannt war, wäre ich nie in einen gesundheitsschädlichen Stress hineingerutscht. Jahrelang hatte ich während der Woche Patientinnen und Patienten von früh bis spät abends, hielt an den Wochenenden Kurse und Seminare, absolvierte dazwischen ermüdende Reisen zu Universitäten im In- und Ausland, die mich zu Vorlesungsblöcken eingeladen hatten, und verfasste daneben eine Anzahl von Fachbüchern. Das ließ keine Freizeit übrig, aber kleine Stillephasen dazwischen waren immer möglich und halfen mir, zur inneren Ruhe zu gelangen, mich zu besinnen, mich am Wesentlichen zu orientieren und gelegentlich meinen Lebensstil zu checken. Die alte Klosterregel: „Ora et labora" (bete und arbeite) ist ein Psychohygienerezept ersten Ranges, denn es garantiert jene Mindestbalance, die man unbedingt braucht, um weder in Hektik auszubrennen noch ins Gegenteil, in nervtötende Langeweile, zu kippen. Dieses Gegenteil kann nämlich leicht im Ruhestand nach einem arbeitsintensiven Leben auftreten, doch auch davor hat mich die regelmäßige Einkehr in meditative Stille bewahrt. In ihr entwickle ich Visionen kleiner Aufgaben, die noch auf mich warten könnten, und tanke die Energie auf, mich solchen Aufgaben mit Schwung zu widmen.

Angestoßen durch die vielfach verordneten Kontaktabstinenzen während der Pandemiezeit kam es in den psychologischen Abhandlungen und Fachblättern zu einer Konjunktur des Themas „Einsamkeit". Bei näherem Nachhaken fanden sich erstaunliche Unterschiede in den Befindlichkeiten alleinstehender bzw. kontaktarmer Personen. Manche igeln sich in eine Deprimiertheit ein, die fast pathologische Züge annimmt. Sie behaupten, wegen ihres Alleinseins jegliche Lebenslust einzubüßen. Andere fühlen sich vom Alleinsein keineswegs eingeschränkt und wissen sich frohgelaunt zu beschäftigen. Wiederum andere docken brieflich, telefonisch oder per Video an Kontaktpersonen an (mit oder ohne diese zu belästigen und deren Aufmerksamkeit einzufordern). Und eine Mehrheit hält gelegentlich Zwiesprache mit sich selbst.

Zu Letzterem hat Frankl einen interessanten Gedanken formuliert. Er definierte das Gebet als das intimste Selbstgespräch, bei dem im Hintergrund ein schemenhafter „Partner" dazutritt, und schrieb: „Freilich: einsam muss der Mensch sein – erst dann kann er merken, dass er nicht allein ist, nie allein war; einsam muss er sein, nur dann kann er merken, dass seine Selbstgespräche Zwiegespräche sind und immer schon waren."[1] Kein Wunder, dass in den psychologischen Fachartikeln zu lesen stand, dass vertrauensvolle Personen und allen voran solche, *denen ein festes Gottvertrauen eigen ist*, Phasen der Einsamkeit bravourös vertragen und in keine Wehmut verfallen. Sie können eben gut allein sein – wissend, dass sie nie allein sind ...

1 *Viktor E. Frankl, „Der leidende Mensch", Huber, Bern, 3. Auflage 2005, Seite 232*

WIE GEHT
GOTTVERTRAUEN?

Im Zuge von Tausenden Therapiegesprächen habe ich beobachtet, dass die Bilder, die sich Menschen entwerfen, einander auffallend ähneln. Ist ihr Selbstbild verfinstert, so ist es auch ihr Menschenbild, ihr Weltbild und ihr Gottesbild. Sie halten von sich nicht viel, sie verachten ihre Mitmenschen, sie bespötteln die Welt, und sollten sie eine Gottheit in Erwägung ziehen, dann ist es ein strafender Götze. Umgekehrt erstrecken sich auch die optimistischen Bilder vom Selbst über die Mitwelt bis hin zu einem gnädigen Gott. Es ist, als würden Menschen im Laufe ihres Lebens eine Art „Leinwand" ausrollen, auf die sie später sämtliche Ereignisse projizieren. Ist es eine blütenweiße „Leinwand", dann leuchten ihre Erlebnisse darauf bunt auf und sogar triste Erlebnisse haben noch ihre glänzenden Tupfer. Ist es hingegen eine dunkelgraue „Leinwand", dann verschatten sich ihre sämtlichen Erlebnisse und nicht einmal die Highlights liefern mehr Grund zum Jubeln. Wird zum Beispiel ein Mann beruflich befördert und ist seine „ausgerollte Leinwand" von eingedunkelter Kategorie, dann denkt er sogleich an Neid, Missgunst, Rivalität und lästige Zusatzaufgaben, die ihm diese Beförderung einbringen wird. Wird einem Mann beruflich gekündigt und ist seine „ausgerollte

Leinwand" hingegen von heller Kategorie, dann tröstet er sich sogleich mit dem Gedanken, dass er jetzt die Chance hat, einen günstigeren Job zu erlangen oder eine Fortbildung zu starten. Es ist die bekannte Geschichte vom halb vollen oder halb leeren Glas. Demnach hängen unsere Gottesbilder nicht bloß von den Erläuterungen ab, die uns die Religionsgemeinschaften bieten, sondern zu einem Großteil *von unseren seelischen Zuständen und unseren geistigen Einstellungen*, mit denen wir alles ringsum beurteilen.

Unser Vertrauen bewegt sich auf derselben Linie zwischen Selbstvertrauen und Gottvertrauen, die Zwischenstufen inkludiert. Es hat exakt diesen Modus einer „grundierenden Leinwand". Sie einzurollen und eine lichtere auszurollen, ist nahezu eine Akrobatik an der Grenze des Menschenmöglichen. Dennoch gibt es Narrative, wonach dies gelungen ist. Es gibt Berichte, wonach sich Personen unverzüglich bekehrt haben, urplötzlich einem liebenden Gott anvertraut haben und dabei seelisch aufgeblüht sind. Es gibt Zeugnisse von Personen, die wie in Trance ihr gesamtes Überzeugungsspektrum umgekrempelt und ihr Dasein in revolutionär neue Bahnen gelenkt haben. Wenn sie gefragt wurden, was der Auslöser dafür gewesen sei, konnten sie es nicht verstandesmäßig erklären. Sie seien traumtänzerisch einer urtümlichen Eingebung folgend ins Gottvertrauen hineingesprungen – und aufgefangen worden.

Das erinnert mich an eine Geschichte, die ich einmal gelesen habe. Sie handelt davon, dass ein Vater sein Haus verlässt, um eine Besorgung zu machen. Sein kleiner Sohn befindet sich im Kinderzimmer im ersten Stock des Hauses. Wie der Vater zurückkehrt, sieht er zu seinem Entsetzen, dass das Haus in Flammen steht. Im ersten Stock öffnet sich ein Fenster und sein Sohn ruft um Hilfe. Der Vater eilt unter dieses Fenster, breitet seine Arme aus und ruft: „Spring!" Doch der Sohn zögert. Rund um ihn ist nur Qualm und Rauch. „Ich sehe dich nicht, Vater", antwortet er. „Das macht nichts. Ich sehe dich, und das genügt!", tönt es von unten zu ihm hinauf. Da springt der Sohn und landet wohlbehalten in den Armen seines Vaters.

Das Bild ist optimal. Auch wir sehen nicht ... nicht Gott Vater, nicht Gott Mutter, nicht Gottes Geist ... Das Vertrauen aber, *dass wir gesehen werden*, könnte zu unserer Rettung genügen.

IST VERTRAUEN EIN TALENT
ODER EIN WILLENSAKT?

Zu welchem Schluss gelangen wir also? Die Kraft des Vertrauens ist gigantisch. Ist Vertrauen nun ein (mehr oder weniger vorhandenes) Talent oder ein (mehr oder weniger freier) Willensakt? Ich möchte sagen: *Im Letzten ist es eine Entscheidung*: eben die Entscheidung zum „Sprung ins Verhüllte". Bei einem Vertrauensakt kann man grundsätzlich nie wissen, ob er gerechtfertigt ist. Denn wüsste man es, könnte man sicher sein, dass gar nichts schiefgehen wird, bräuchte es des Vertrauens ja nicht. Im Prinzip ist jede Entscheidung ein solcher „Sprung ins Verhüllte", also ein Vertrauensakt. Entschließt man sich z. B. zu einer bestimmten Berufswahl, weiß man nicht, ob man sie nicht eines Tages bereuen wird. Entscheidet man sich zu einer bestimmten Partnerwahl, weiß man auch nicht, ob sie sich als tragfähig erweisen wird. Entscheidung und Vertrauen, Ungewissheit und Wagnis, gehören zusammen (ebenso wie Vertrauensmangel und Entscheidungsmangel parallel laufen), was Frankl in dem englischen Bonmot, man solle sich „half sure but whole hearted" entscheiden, resümiert hat.

Allerdings möchte ich eine winzige Einschränkung zum Entscheidungsakt machen. Es gibt sogenannte „unintendierbare Phänomene", die man nicht willentlich bei sich erzeugen kann, die *man nicht wollen kann*. Das beginnt damit, dass man nicht wollen wollen kann, so merkwürdig das klingt. Man kann auch nicht lieben wollen, glauben wollen, hoffen wollen – und auch nicht: vertrauen wollen. Alle diese Phänomene haben, wenn sie entstehen, einen (zumindest impliziten) „Vorgänger", der sie stimuliert. Wertvolles lockt es wollen hervor. Liebenswertes lockt es lieben hervor. Glaubwürdiges lockt daran glauben hervor. Vertrauenswürdiges lockt ihm vertrauen hervor. Ohne Vorgänger entstehen diese Phänomene nicht. Was man jedoch immer wollen kann, ist, nach solchen Vorgängern zu fahnden, und *wer suchet, der findet*. Wir leben in keiner heilen Welt, aber wer unbeirrt Ausschau hält nach dem Kostbaren, Liebenswerten und Erhaltenswerten in ihr, wird ohne jeden Zweifel reichlich fündig werden. Das wird seiner Entscheidung zu vertrauen – genauer gesagt: der Entscheidung, seinem in ihm angelegten, gelegentlich von Skepsis überlagerten, aber nie komplett versunkenen Urvertrauen Raum zu gewähren – immer wieder Auftrieb verleihen.

DIE AUTORIN UND IHR WERK

Elisabeth Lukas, geboren 1942 in Wien, ist Schülerin von Professor Dr. Dr. Viktor E. Frankl. Als Klinische Psychologin und approbierte Psychotherapeutin spezialisierte sie sich auf die praktische Anwendung der Logotherapie, die sie methodisch weiterentwickelte. Nach 13-jähriger Tätigkeit in Erziehungs-, Familien- und Lebensberatungsstellen (neun Jahre davon in leitender Position) übernahm sie 1986 die fachliche Leitung des von ihr und ihrem Ehemann gegründeten „Süddeutschen Instituts für Logotherapie GmbH" in Fürstenfeldbruck bei München, dem sie 17 Jahre lang vorstand. Nach ihrer Rückkehr in die Heimat arbeitete sie fünf Jahre lang weiterhin als Hochschuldozentin (zuletzt als Lehrbeauftragte der Donau-Universität Krems) und war danach noch drei Jahre lang als Lehrtherapeutin und Supervisorin beim österreichischen Logotherapie-Ausbildungsinstitut ABILE tätig.

Vorträge und Vorlesungen auf Einladung von mehr als 50 Universitäten (darunter länger andauernde Lehraufträge an den Universitäten München, Innsbruck und Wien) sowie Publikationen in 17 Sprachen machten sie international bekannt. Ihr Werk ist mit der Ehrenmedaille der Santa Clara University in Kalifornien für „Outstanding Contributions in Counseling Psychology to the World Community" und mit dem großen Preis des Viktor-Frankl-Fonds der Stadt Wien ausgezeichnet worden.

Von Elisabeth Lukas sind seit den 1980er-Jahren – inklusive der fremdsprachigen Übersetzungen – mehr als 170 Bücher erschienen. In der nachstehenden Liste sind ihre derzeit im Buchhandel oder online erhältlichen deutschsprachigen Bücher zusammengestellt (Stand: Sommer 2022):

Alles fügt sich und erfüllt sich. Logotherapie in der späten Lebensphase (Profil, München, erw. Neuauflage 2009, Großdruckausgabe 2017)

Antworten auf Lebensfragen. Einsichten in die Logotherapie. Eine Anthologie, hrsg. von Heidi Schönfeld (Profil, München, 2022)

Arbeit heute. Last oder Freude? Strategien sinnzentrierter Unternehmenskultur. Gemeinsam mit Koautor Paul Ostberg (Profil, München, 2022)

Auch dein Leben hat Sinn. Wege zur seelischen Gesundheit (Butzon & Bercker, Kevelaer, 2021)

Auf den Stufen des Lebens. Bewegende Geschichten der Sinnfindung (topos plus, Kevelaer, 2018)

Aus Krisen gestärkt hervorgehen (Butzon & Bercker, Kevelaer, 2022)

Binde deinen Karren an einen Stern. Was uns im Leben weiterbringt (Neue Stadt, München, 4. Auflage 2021, auch als E-Book)

Burnout adé! Engagiert und couragiert leben ohne Stress (Profil, München, 2012)

Das Schicksal waltet – der Mensch gestaltet. Philosophie für den Alltag (Plattform, Perchtoldsdorf bei Wien, 4. Auflage 2021, auch als E-Book)

Das Viktor Frankl Museum in Wien. Ein Kulturerbe mit Zukunftswert (Plattform, Perchtoldsdorf bei Wien, 2016)

Dein Leben ist deine Chance. Anregungen zu einer sinnvollen Lebensgestaltung (Neue Stadt, München, erw. Neuausgabe 2018, auch als E-Book)

Den ersten Schritt tun. Konflikte lösen – Frieden schaffen (topos plus, Kevelaer, 2019)

Der Freude auf der Spur. Sieben Schritte, um die Seele fit zu halten (Neue Stadt, München, Neuausgabe 2020, auch als E-Book)

Die Kunst der Wertschätzung. Kinder ins Leben begleiten (Neue Stadt, München, erw. Neuausgabe 2021, auch als E-Book)

Distanz zur Angst. Das Leben mutig bestehen (Butzon & Bercker, Kevelaer, 2022)

Durchquerung einer bewegten Zeit. Acht Jahrzehnte Lebenserfahrung (Neue Stadt, München, 2022)

Einmal rund um die Sonne. Begleitende Gedanken für das ganze Jahr (Neue Stadt, München, 2016, auch als E-Book)

Familienglück. Verstehen, annehmen, lieben (topos plus, Kevelaer, 2. Auflage 2015)

Frankl und Gott. Erkenntnisse und Bekenntnisse eines Psychiaters (Neue Stadt, München, 2. Auflage 2020, auch als E-Book)

Freiheit und Geborgenheit. Süchten entrinnen, Urvertrauen gewinnen (Profil, München, erw. 3. Auflage 2012)

Für dich. Heilende Geschichten der Liebe (Butzon & Bercker, Kevelaer, 2020)

Heute ist der erste Tag vom Rest deines Lebens. Schritte zu einer erfüllten Existenz (Butzon & Bercker, Kevelaer, 2. Auflage 2022)

In der Trauer lebt die Liebe weiter (Butzon & Bercker, Kevelaer, 4. Auflage 2021)

Inspirationen für die Seele. Das geistige Erbe Viktor E. Frankls (Profil, München, erw. 2. Auflage 2015)

Lebensstil und Wohlbefinden. Seelisch gesund bleiben – Anregungen aus der Logotherapie (Profil, München, erw. 3. Auflage 2010)

Lehrbuch der Logotherapie. Menschenbild und Methoden (Profil, München, erw. 4. Auflage 2014)

Logotherapie und Existenzanalyse heute. Eine Standortbestimmung. Gemeinsam mit Koautor Alexander Batthyány (Tyrolia, Innsbruck, 2020, auch als E-Book)

Pandemie und Psyche. Wege zur Stärkung der seelischen Immunität. Gemeinsam mit Koautor Reinhardt Wurzel (Neue Stadt, München, 2. Auflage 2020)

Persönliches und Besinnliches. Kleines logotherapeutisches Lesebuch (Profil, München, 2017)

Psychotherapie in Würde. Logotherapie konkret. Gemeinsam mit Koautorin Heidi Schönfeld (Elisabeth-Lukas-Archiv, Bamberg, 2020, auch als E-Book)

Quellen sinnvollen Lebens. Woraus wir Kraft schöpfen können (Neue Stadt, München, 2014, auch als E-Book)

Rendezvous mit dem Leben. Ermutigungen für die Zukunft (topos plus, Kevelaer, 2. Auflage 2016)

Sehnsucht nach Sinn. Logotherapeutische Antworten auf existentielle Fragen (Profil, München, erw. 4. Auflage 2018)

Sinnzentrierte Psychotherapie. Die Logotherapie von Viktor E. Frankl in Theorie und Praxis. Gemeinsam mit Koautorin Heidi Schönfeld (Profil, München, 2016)

Souveränität und Resilienz. Tragödien in einen Triumph verwandeln (Profil, München, 2020)

Spannendes Leben. In der Spannung zwischen Sein und Sollen – ein Logotherapiebuch (Profil, München, erw. 4. Auflage 2014)

Trotzdem Ja zum Altsein sagen. Die Lebensfreude bewahren. Gemeinsam mit Koautorin Elisabeth Gur (Plattform, Perchtoldsdorf bei Wien, 2021)

Verlust und Gewinn. Logotherapie bei Beziehungskrisen und Abschiedsschmerz (Profil, München, erw. 2. Auflage 2007)

Von der Angst zum Seelenfrieden. Gemeinsam mit Koautor Reinhardt Wurzel (Neue Stadt, München, 2. Auflage 2019, auch als E-Book)

Was das Leben wertvoll macht. Impulse einer spirituellen Psychologie (Butzon & Bercker, Kevelaer, 2. Auflage 2022)

Was du mir bedeutest. Für einen lieben Menschen (Butzon & Bercker, Kevelaer, 2016)

Was wirklich zählt. Worte als Wegbegleiter (Neue Stadt, München, 2020)

Weisheit als Medizin. Logotherapie bei Tinnitus, chronischen und unheilbaren Krankheiten (Profil, München, erw. 4. Auflage 2020)

Wertfülle und Lebensfreude. Logotherapie bei Depressionen und Sinnkrisen (Profil, München, erw. 4. Auflage 2011)

Wie Leben gelingen kann. Sinn und Freude Tag für Tag. Gemeinsam mit Koautor Michael Ragg (Butzon & Bercker, Kevelaer, 3. Auflage 2020)

Wolken vor der Sonne? Was bei Depressionen hilft (Butzon & Bercker, Kevelaer, 2. Auflage 2022)

26 CDs/DVDs mit Vorträgen von Elisabeth Lukas sowie die MP3-CD „Vom Sinn im Leben. Perlen der Logotherapie" sind beim „Auditorium Netzwerk", Verlag für audio-visuelle Medien (Hebelstraße 47, D-79379 Müllheim/Baden) erhältlich.

Die CDs „Ermutigungen für die Zukunft" und „Seelisch gesund bleiben in hektischen Zeiten" sind über www.elisabeth-lukas-archiv.de erhältlich.

Mehrere CDs/DVDs mit Live-Rundfunksendungen aus der „Reihe Lebenshilfe" sind bei Glässing-media (Oststraße 12 A, D-87527 Sonthofen) oder beim Hörer-Service von Radio Horeb (Dorf 6, D-87538 Balderschwang) erhältlich.

DVD/CD mit Live-Interview „Viktor E. Frankls Botschaften für heute, Heidemarie Zürner im Sinn-Gespräch mit Elisabeth Lukas", Kongressdokumentationen Josef Hager, Mondseebergstraße 15, A-5310 Mondsee

Weitere Informationen über die Autorin und ihr Werk auf:

www.elisabeth-lukas-archiv.de

Bildnachweis

stock.adobe.com: Umschlag: © SkyLine; S. 6: © polack; S. 11: © Follow-TheFlow; S. 15 © guguart; S. 19: © licvin; S. 24: © SkyLine; S. © oliverzs; S. 32: © S.H.exclusiv; S. 36: © Rafael Ben-Ari; S. 42: © Sukjai Photo; S. 46: © Viacheslav Yakobchuk; S. 50: © Patrick Daxenbichler; S. 55: © FOTO SALE; S. 59: © Jenny Sturm; S. 63: © 4595886; S. 71: © yaalan; S. 77: © The Cheroke; S. 99: © Black Brush; S. 105: © o Panuwat D; S. 108: © Marco Martins; S. 112: © Андрей К; © yashroom (Blumen); © lyubovyaya (Anker); © Mirgunova (Ranke). **depositphotos.com**: S. 68: © raywoo; S. 74: © 1xpert; S. 81: © gunnar3000; S. 86: © despotoll; S. 90: © shalamov; S. 94: © AlphaBaby photocase.com; S. 116

Bibliografische Information der Deutschen Nationalbibliothek
Die Deutsche Nationalbibliothek verzeichnet diese Publikation in der Deutschen Nationalbibliografie; detaillierte bibliografische Daten sind im Internet über http://dnb.d-nb.de abrufbar.

Das Gesamtprogramm von Butzon & Bercker finden Sie im Internet unter www.bube.de

ISBN 978-3-7666-3556-3

Umschlaggestaltung: Tanja Manden, Kevelaer
Layout, Gestaltung u. Satz: Helmut Schaffer Grafik + Satz, Hofheim a. Ts.